Irena Stanić Rašin

IZA DEVET VELOVA

ISBN 979-8-986-3202-2-9

Library of Congress Control Number: 2022914303

Text copyright © Irena Stanić Rašin
Design by Ivana Viduka Tesla

Cover Illustration
Charles-Amable Lenoir (1860-1926) "A Dance by the Sea" (detail)
41 x 87.4 cms | 16 x 34 1/4 ins. Oil on canvas. Private collection.
Image courtesy of the Art Renewal Center - http://www.artrenewal.org

Ilustracija na omotu:
"Ples uz more", detalj, Charles Amable Lenoir (1860-1926)
Ljubaznošću Art Renewal Center©, (ARC) www.artrenewal.org

Printed in the USA

perlinapress.com
irenastanicrasin.com

Irena Stanić Rašin

IZA DEVET VELOVA

PERLINA PRESS

Sadržaj

Raskošne stilske akrobacije

Pravo je zadovoljstvo u ovim tmurnim vremenima, koja su se uselila i na stranice književnosti, ponovno uskliknuti onu krugovašku „Neka bude živost!" i pustiti riječi da se otkače, razigraju, prodišu, iziđu malo iz zagušljive globalne tvornice melankolije i jala. Riječi su oboljele od apatije, valja ih liječiti (kao i ljude), dići im samopouzdanje. Ordinacija „doktorice riječi" Irene Stanić Rašin (naše plodne i ugledne književnice iz Bostona) radi punom parom, od nula do 24, i riječi stalno dolaze k njoj na obradu, edukaciju, na masažu, na vježbe rimovanja, na satove plesa i pjevanja i druge zanimljive stilske seanse. Ova „dijagnostičarka" jezika našla je razne sočne recepte kako povezati riječi i stihove u virtuozne katrene, tercine i u druge oblike (od soneta do anegdota), kako namnožiti svakojake rime i pokazati sva artistična umijeća poezije. Ma, neka bude živo! - pjevuše i same riječi u ovoj inovativnoj, razigranoj (i lijepo oslikanoj) zbirci pjesama *Iza devet velova*. Zbirka obuhvaća slatke, opake i naopake pjesme za odrasle, često s dječjim duhom, odnosno u njima vlada *homo ludens*, slično kao u djelima majstora Zvonimira Baloga. Ali, Irena Stanić Rašin stvara vlastitu leksičku i semantičku vrtoglavicu, svoju začudnu versifikaciju koja radoznalu čitatelju nikada ne da mira.

Ova neobična humoristična i sarkastična zbirka sastoji se od devet velova i tek u osmom ciklusu autorica zaokreće kormilo te s razigranih pjesničkih valova plovi do opake pučine na kojima vladaju tjeskoba, klaustrofobija i kojekakve muke osamljenog bića. Prava stilska odiseja, za koju čitatelj treba imati jednako smisla kao i spisateljica. Nema točne generacijske adrese na kojoj stanuju ove raznolike pjesme i brojne teme i dileme, što je značajka svakog djela univerzalnog smisla. Preostaje nam samo uživati u ovom versifikacijskom carstvu.

Knjiga pjesama *Iza devet velova* iznimno je dinamična i teatralna, a velove možemo zamisliti i kao zavjese na pozornici. Čim se jedna spusti, druga se digne i na sceni se starta s neočekivano novom predstavom riječi (od igre slova i glasova do igre rima), a svaka scena toliko je puna akrobatskih vještina da se čini kako su se riječi s papira doista preselile u teatar. A pjesnikinja je i redatelj i dramaturg i scenograf... Ima vlastiti „poetski teatar".

Ne samo što autorica voli interpretirati zbilju milijunima stilskih vježbi, ona se voli referirati i na klasike (npr. na Parun, Begovića, Gundulića, Leopardija, Tolkiena, čak i na operne autore, komediografe i druge umjetnike), odnosno pokazuje se kao vrsna vezilja i tuđih pjesničkih niti (misli) koje unosi u svoju pjesničku čipku. Irena Stanić Rašin voli i opširnije reinterpretacije, pa će se tako poigrati s dugačkim narodnim pjesmama, bajkama, čak i s modernim autorima. Primjerice, u sedmom ciklusu (VII. veo: Nove pouke) zapisuje isječak Cesarićeve pjesme "Pjesma o tišini", pa ga nadograđuje svojom sarkastičnom strofom u kojoj demistificira toliko puta opjevanu tišinu, njezino poetsko višeglasje i plemenito astralno gibanje. Odnosno, zanos prizemljuje u duhovitom tonu. Evo kako izgleda ta igra, česta u cijeloj zbirci:

PJESMA O TIŠINI
(ulomak)

Dobriša Cesarić

Ne laže nikad. Ne osvaja zvukom.
Blagoću ima stare mame.
Ko dobar drug je; zagrli te rukom
I punim smisla govori ti mûkom,
Ili ti ruku položi na rame.

Laže čim zine. A posve je nijema.
I zla je ko maćeha stara.
Ko neprijatelj je; ne znaš što sprema
i nikakva smisla mûk njezin nema;
izvjesno je da uvijek samo vara.

POUKA:
Tko tebe ledenom, *ti njega* gluhom.*

---

* Prema *Tko tebe kamenom, ti njega kruhom.*

Irena Stanić Rašin pokazala je volju za komunikacijom s drugim rukopisima i ranije, npr. u zapaženoj pjesničkoj knjizi *Sahranjena ljubav* koja je, kako je i sama rekla, inspirirana pjesmama tajnovitog i popularnog Svena Adama Ewina. Probudila je pjesničku scenu vraćajući se unatrag, u vrijeme starih poslanica među piscima, a koje su danas, u našem histeričnom i autističnom vremenu, iznimno rijetke. Ewinovu je metriku i rimu zadržala, a u njegovu svijetu oblikovala je svoj svijet, odnosno u svojem svijetu njegov. Jedva je danas naći sličnih primjera, a jedan od rijetkih je nagrađena zbirka Nataše Nježić *Soba 99* koja se nadovezuje na zbirku Franje Nagulova *Soba 66* kao ironičan odgovor na njegov svjetonazor, a koji se razvija u jednoj profesorskoj sobi s učenicima, odnosno učenicama, uz igru muško-ženskih perspektiva, igru koju voli i Irena Stanić Rašin.

Tako Rašin intertekstualnim postupcima gradi književnu republiku u kojoj se tekstovi i autori druže, bez imalo ega, zavisti, kao da su svi na nekoj zajedničkoj, pravoj humanističkoj književnoj gozbi. A humornim notama poeziju iskreno dijeli s drugima (humor nije nikada autističan), dok se neki pjesnici zatvaraju u šifrirane pjesničke školjke, očekujući od kritičara i čitatelja da ih s mukom „detektiraju" (ponekad i s povećalom ili baterijom u ruci).

Od soneta do pošalica

Malo smo siti "stvarnosne" poezije koja nas je "stvarno" uvjeravala kako trivijalan život ne zaslužuje stilske figure, odnosno kako pad života nije vrijedan esetskoga uzleta. Irena Stanić Rašin ponovno brusi karike prekinutog lanca hrvatskog vezanog stiha i za razliku od "stvarnosnog" pisanja svom dušom hrli u estetsko preobražavanje i zbilje i teksta. I to naoružana talentom do zuba! Okićena je lijepim leksikom, raskošnim stilskim figurama, srokovima, opkoračenjima, starim udvornim (ali i modernim, "otkačenim") riječima, katkada i žargonom (u ironičnom smislu), ali damski je uvijek udaljena od pomodnog uličnog govora i inflacije ispraznih riječi. Veže tradiciju i suvremenost, puna je ironije i cinizma, a patetike u njenim stihovima nema.

Sve što dotakne okom, uhom i duhom, Irena Stanić Rašin pretvara u rimovanu pjesmu (izuzetak je osmi ciklus u kojem piše slobodnim stihom). Cijeli svijet nastanio se u ovoj zbirci kao u kakvoj slikovnici – i ljudi i neljudi, i vile i golubovi, i pčele i gliste, i bjelouške i slatkiši, i bajke i ptice... Ponekad nam se čini da smo u crtiću, u kojem se animira svaki pokret, svaki preokret, svaka sugestija, svaka ideja, u kojem je sve puno i sadržajnog i slikovnog i zvukovnog ugođaja (sinestezije). No kako je svaka pjesma itekako promišljena stilska majstorija, ovo nije crtić nego „luna park" za odrasle, u kojem se vrtimo na onim ozbiljnim spravama, hipnotizirani autoričinim oblicima i perspektivama. I opčinjeni rimama, od tradicionalnih do autorskih, koje i nas „vežu", kako bismo u disperzivnom i okretnom svijetu pjesme ostali ipak u nekoj ravnoteži.

Neke su pjesme kratke, neke duge, neke zanosne, neke ozbiljne, neke anegdotalne, neke „pijane", neke tmurne, a i ugođaji su širokog dijapazona – od dječjeg, folklornog, preko karikaturalnog, do sarkastičnog, pa i sjetnog i tužnog. Neke su pjesme pitke, neke itekako slojevite, poput tautogramskih (u kojima svaka riječ započinje istim slovom).

Hajd'mo „prošetati" kroz rizinice sviju velova (ciklusa). Prvi („Nepoznate verzije bajkovitih heroina") jest „modernizacija" klasičnih bajki; drugi ciklus („Na slovo na slovo") obuhvaća pjesme u kojima sve riječi imaju isto početno slovo; treći ciklus („Na srok, na srok") autoričina je igra svakovrsnih rima; u četvrtom ciklusu („Liporicks") autorica miješa slova u zagonetkama, potom ih „prevodi" i daje odgonetku; u petom ciklusu („Pjesme naglavačke") dvije su pjesme grafički jedna do druge, a svaka pjesma može se čitati odozgo i odozdo i stihovi obiju pjesma mogu se spajati s lijeva na desno i s desna na lijevo. U sedmom ciklusu („Nove pouke") pjesnikinja se igra aforizmima, pošalicama, bajalicama, poslovicama, interpretira dječje pjesmice koje nadograđuje svojim stihovima i izvodi i druge „vježbe". U osmom ciklusu („Slobodnjače") autorica se okreće slobodnom stihu, a u devetom („Iz crnih nabora duše") vraća se rimi, no u zadnjim dvama ciklusima utišava ekstrovertne igre i introvertno zalazi u čudne i tamne slojeve ljudske duše.

Carstvo svakovrsnih rima

Najveća je čar ove zbirke rima, koja najviše pokazuje umješno stihotvorstvo Irene Stanić Rašin dok na inovativne načine spaja formu i sadržaj, te dvije nerazdvojne sastavnice navodne „staromodne" poezije, kako to vole reći mnogi zatočenici trendova, pa tako i slobodnog „bulaznećeg" stiha. Osim standardnih rima (npr. ukrštenih ili obgrljenih), autorica koristi razne vrste rima, kao pravi jezični istraživač, pa ćemo se tako u nekim pjesmama nauživati raznolikih, kombiniranih rima (uobičajenih i „autorskih"), k tome i s različitim brojem slogova u stihovima, što pjesmama daje šarmantan nepravilan ritam. U nekim, pak, pjesmama sve se riječi rimuju na kraju stihova (rimuju se i zadnja dva slova), zbog čega pjesme djeluju i šašavo i uravnoteženo. A u većini rimovanih pjesama naglašene su aliteracije i asonance, odnosno ponavljanje suglasnika i samoglasnika u nizu slogova, kako bi razigrana, slikovita pjesma dobila i svoju glasovnu „scenu". Tako je ova poezija, kako već rekosmo, puna raskošne sinestezije, ali i sinergije različitih silnica i vibracija u gotovo svakom stihu.

Dočarajmo pobliže stilsku raznovrsnost ove zbirke. „Piknimo", primjerice, u treći veo „Na srok, na srok". U zanosnoj pjesmi „Vile" pjesnikinja opisuje romantično vilinsko kolo koje se eterično giba po zemlji i nebu, sa starim romantičnim, „gospodskim" riječima; u sarkastičnoj, pak, pjesmi „Glista" (u kojoj se rimuju sve riječi na kraju stihova) bista jednog humanista traži vojsku artista da doista otkriju u čemu je stvar, a pjesma završava očuđenjem (iz perspektive obične gliste), kao što i mnoge druge autoričine pjesme završavaju anegdotalno. U pjesmici „Brk" autorica ispisuje pošalicu (onako, usput), opet ponavljajući i rimujući suglasnike, što pjesmu čini i zgodnim predloškom i za zaigrane usmene (ili pjevne) interpretacije. U pjesmi „Usne od koralja" (u osmom ciklusu) pjesnikinja će baš opjevati glazbu pjesme: „Umjetnost se vrednuje razinama", / rekoše mi jednom. / „Kriteriji estetike nisu samo vizualni", / odgovorih, u svojstvu vlasnice tog ljupkog otvora. / „Čitajte i zvuk."

Ukratko, Irena Stanić Rašin koristi različite rime, s različitim podudaranjima (vokala, glasova, naglasaka, slogova...) Koristi i brojne vrste riječi – standardne i arhaične, ozbiljne i lascivne, a u svojoj zaigranosti proizvodi i neobične, vlastite lekseme (npr. pridjeve: vitostasne, zvonkoglasne, skliskopute...). Tu su i lokalizmi (npr. u pjesmi „Zagrebancije", u kojoj rimuje stare zagrebačke izraze) i dijalektalizmi (npr. u nekim pjesmama na kajkavskom).

Igre reinterpretacija

To nam otkriva već prvi veo ("Nepoznate verzije bajkovitih heroina"). Bajke u suvremenom ruhu! U sonetu ili kakvom sličnom duhu! U bajkovitoj "starinskoj" scenografiji probudile su se klasične heroine (Crvenkapica, Trnoružica, Pepeljuga, Snjeguljica...), osvijestile su se u suvremenom kontekstu, odbacile patrijarhat te uzele rekvizite novoga doba da ih ne pojede davnina. Ne daju se stare dame, znaju da tradicija pada u zaborav pa su stavile nove maske na suvremene daske i pokazale time sasvim nove osobine: *celebrity* samodopadnost, feministički ponos, pomodni materijalizam, oštri kriticizam, matrijarhat, pa stil bahat. Pa će tako Trnoružica reći: "Kupila sam s neta haljinu od tila / i cipele s petom, u istome tonu.

/ Al' kad na tron sjednem, u staklenom zvonu / čuvat će me, jer sam fakat glupa bila – // rekla mami: „Napiso mi lik na Instagramu: / ljubit će me ak me nađe uspavanu, samu." // A možda je frajer htio poljubiti mamu?"

A Pepeljuga će zapjevati svoju serenadu: "Završio tek je naš mjesec od meda / (slavili smo bajno kraljevsko vjenčanje), / a dragi je suprug moj prinčevski preda / mene postavio košaru za pranje. // A sljedećeg dana (rođendan mi bio), / umjesto dragulja i bunde od nerca, / usisivač mi je mužić nabavio, / najnoviji model, jeftino, iz šverca."

U pjesmi „Princeza koja je poljubila žapca" nemušti, nesposobni kraljević provjerava vlagu, temperaturu, brine o hidratantnosti svoje kože i o koječemu još, pa ljutita princeza oštro okončava nesporazum: „Otkači se više i mene i moga / kreveta, tanjura i kraljevske krune! / Raskid tražim našeg braka propaloga / i spremna sam za to platit teške milijune. // Ja sam svoje ponudila, vrlo delikatno. / Odbiješ li - u bunar ćeš, skupa s loptom zlatnom!"

Opkoračenje, odnosno „prijenos" dijela rečenice u drugi stih, čest je postupak u poeziji Stanić Rašin, što njezinim rimovanim stihovima daje i malčice proznog duha.

U šestom ciklusu autorica reinterpretira narodne pjesme, opet često s aluzijama na današnje vrijeme, pa u pjesmi „Aginice moja draga" aga ide i do Den Haaga!

Čarobne istoslovke

U drugom ciklusu („Na slovo, na slovo") autorica nam servira možda najtežu igru – tautograme, odnosno pjesme u kojima sve riječi započinju istim slovom. Ovdje su tri dugačka tautograma (istoslovke): „Na M", „Na P" i „Na T". Svaka pjesma djeluje kao gusto tkanje naizgled razbacanih riječi, no sve je povezano itekakvim smislom (kao kakvom unutarnjom „žicom"), s brojnim aluzijama na današnje izopačeno i futuristički ubrzano vrijeme. Ovaj ciklus najviše nalikuje na rebus u kojem hiper-dinamičan niz riječi, uz snažnu ritmiku istog početnog slova, traži pomnije čitanje kako bismo u hipnotičkoj pjesmi „u dahu" otkrili poruke o mnogim devijacijama današnjeg doba – od političkih, marketinških, materijalističkih do onih najtežih, psihičkih.

Tako će pjesmu „Na M" započeti: „Maksimalni maligani, / malodušni maloljetnik, / malobrojni mališani, / metak u manufakture,

/ mirovine – mirodije. / Malograđanska mahala." I u tih nekoliko stihova cijelo je breme problema našeg društva – od indolentnih maloljetnika bez ideja, preko jadnih mirovina koje se čekaju kao mirodije do prizemne mahale. Možemo bilo koji dvostih, trostih ili više stihova povezati u dramatičnu panoramu našeg društva. Primjerice, citirajmo trostih u istoj pjesmi: Međublokovska masturbacija: / milodari za milijunaše, / mahovina na mauzoleju". Dakako, dok politika i moć napreduju, upakirani u celofan, povijest nazaduje, obrasla mahovinom sve dok tradiciju posve ne pokrije trava, kao zaboravljeni grob.

Ovo su izuzetno domišljate i promišljene pjesme, „nabijene" i okretne, s mnoštvom značenja, i u njima je autorica ismijala gotovo cijeli arsenal svijeta – i bijednu politiku i povodljive ljude, i glupe zakone i bezakonje, i kvaziintelektualce i kvazitrgovce, i anarhiste i egzibicioniste, sve anomalije i trivijalije našeg doba. I ovdje je mnogo intertekstualnosti (povijesne, mitske, književne simbolike).

Koliko ove pjesme udaraju u vruće točke društva, može pokazati i ova zgodna strofa u „Pjesmi na P": „Pomahnitala poštarina; / prepotentnost periferije. / Pa, posvuda posuđenice! / Policiju na poliglote!"

Da, zaboravljamo na svoj jezik. U našem javnom prostoru (pa i u govorima političara i drugih javnih osoba) događa se invazija engleskog jezika, a da se ni materinski nije svladao. A i periferija nam je prepotentna, odvajkada! „O, ta uska varoš, o, ti uski ljudi..." Dobra stara Matoševa „Stara pjesma".

Odbacivanje velova

Nakon veselih sedam predstava iza sedam velova, u osmom ciklusu („Slobodnjače") i u devetom („Iz crnih nabora duše") autorica zalazi u mračni bunar psihe te pokazuje sposobnost artikulacije i dubokih podsvjesnih stanja, često s nadrealističkom snagom. U osmom ciklusu okreće se slobodnom stihu i često dočarava propadanje gnjilog svijeta metaforom iskarikiranog raspadanja vlastita tijela, odnosno prikazuje autodestruktivnu žudnju za nestajanjem. Bijes zbog vlastita postojanja često prelazi u nebesku nirvanu, kao u pjesmi „Tamnica": „Mozak u krletci / živi / buja / raste / uskoro će se probiti kroz lubanju / i poput amebe / uspeti se vlažnim zidom / kroz zahrđale rešetke / i onda / poput velikog balona / poletjeti u sve...mir...

No ima u ovom ciklusu i stilski uznositih pjesama s tmurnim ozračjem. Vrijedi spomenuti pjesmu „Sedam velova", kao primjer kako pjesnikinja u jednoj pjesmi znade objediniti i povijesne i ljudske i kulturološke i trendovske teme. To nisu, naravno, oni velovi koje je skidala sa sebe zla Saloma kako bi dobila na pladnju glavu Ivana Krstitelja, ali svaki veo (tkanina) u ovoj pjesmi ima također negativan predznak - pokazuje što krademo od vječne prirode i koje bedastoće uzimamo od pomodne civilizacije. Na početku pjesme ženski pjesnički subjekt odbacuje sa sebe veo od devine dlake, pa veo od svile (i druge tkanine zbog kojih se ubijaju životinje), da bi pri kraju odbacila sa sebe i popularne, markirane dress codove i potom odlučila izići i iz vlastite kože.

U devetom ciklusu autorica se vraća rimi, ali nastavlja teme agonije iz prethodnog ciklusa, odnosno smrt prikazuje u raznim nakaradnim oblicima (opet nadrealistički pokidano, izmasakrirano tijelo), a opjevava i sve krugove paklenih zabluda što nam svakoga dana sužavaju svijet. Tu su i katastrofične, epski prijeteće pjesme o potopu, čak i žudnja za apokalipsom, u koju će autorica uključiti brojne mitske i povijesne osvetnike, kako bi „ujedinjeno" zlo konačno dokinulo samo sebe. I ovdje je puno ironije, poigravanja s davninom i napretkom, pa će pjesmu „Potop II" završiti: „Današnji će „Noe", da izbjegnu vodu, / pobjeći od kazne u... svemirskom brodu."

Ima pjesama i s poetskim, zvonkim dozivanjem smrti, pa će u pjesmi „Smrt" autorica sneno reći: „Postojati, imati, znati – / zar ima veće kobi mučne! / U nultu točku smrt će vratit / sve osjećaje bjesomučne."

Irena Stanić Rašin napisala je doista tematski i stilski sveobuhvatnu zbirku, atipičnu za naše sjetno prozaično vrijeme, jer je gotovo sve metastaze ćudljive civilizacije uspjela dočarati sjajnom humornom jezičnom gimnastikom i moćnim sarkazmom. Jer, budimo iskreni, svatko može biti ozbiljan, a ne može baš svatko biti duhovit. A biti istodobno jedno i drugo izniman je talent kojim je Irena Stanić Rašin obogatila ne samo hrvatsku poeziju, nego i cijelu književnost.

Gomila novih riječi i stihova čeka pred njezinom jezičnom ordinacijom na red... da i njih istančano oblikuje i preoblikuje u artistički raj... u nekoj drugoj zbirci.

Lada Žigo Španić

I. veo:

NEPOZNATE VERZIJE BAJKOVITIH HEROINA

CRVENKAPICA

Mama me je uputila s košaricom k baki;
a unutra – oblizeka da ti cure sline;
rekla mi je: „Samo stazom, pazi korak svaki,
od kućice naše žurno, ne zastajkuj i ne

skreći da bi cvijeće, gljive il' što drugo brala.
U šumi se svakojakih opasnosti nađe,
a ti si, Crvenkapice, neiskusna, mala.
(Trebala sam baki možda tatu poslat rađe?)."

Al' sad, što je tu je, stavih košaru pod ruku,
u glavicu pamet, crven-kapicu na glavu –
ni slutila nisam da ću zločestome vuku

taman na put doći da me namami u travu,
fol da cvijeće berem baki (slutnja u prizvuku) –
kasno spazih mu u džepu spavaćicu plavu...

TRNORUŽICA

(zijev, zijev) Kako sam se slatko naspavala;
iz postelje tople ne da mi se dići.
Čekaju me dolje; morala bih sići
pozdraviti goste i reći im hvala,

jer baš danas (jupiiii!) punim petnaest ljeta
i kraljevstvu cijelom tata tulum pravi.
Samo neka glupa stara teta davi
da ju nije zvao. (To joj jako smeta.)

Kupila sam s neta haljinu od tila
i cipele s petom, u istome tonu.
Al' kad na tron sjednem, u staklenom zvonu
čuvat će me, jer sam fakat glupa bila –

rekla mami: „Napiso mi lik na Instagramu:
ljubit će me ak me nađe uspavanu, samu."

A možda je frajer htio poljubiti mamu?

PEPELJUGA

Završio tek je naš mjesec od meda
(slavili smo bajno kraljevsko vjenčanje),
a dragi je suprug moj prinčevski preda
mene postavio košaru za pranje.

A sljedećeg dana (rođendan mi bio),
umjesto dragulja i bunde od nerca,
usisivač mi je mužić nabavio,
najnoviji model, jeftino, iz šverca.

A onda je, nakon jedno pet-šest dana,
kupio mi set od teflon-távā, plavi,
i servis za jelo od *fejk* porculana.
E pa nećeš! Tavom lupim ga po glavi.

Sad leži na podu, ne znam da li diše –
samo znam bit neću Pepeljuga više.

SNJEGULJICA

Jabuke su uvijek bile najdraže mi voće,
ali pomajka me moja slabo hrani.
Mrvice sa poda skupljam, jer mi za stol brani;
kaže da sam buca – da smršavim hoće.

Jednog dana, iduć oko dvora amo-tamo,
staričicu sam u perivoju srela,
u rukama košara joj, puna voća zrela.
Upitah je: „Bako, smijem gricnut samo?"

(GMO je bilo voće. Lijepo kao slika.)
Ona *red delicious* iz košare uze –
čim zagrizoh, na oči mi potekoše suze,
stegnu mi se grlo, ostah bez kisika.

Spasio me Dimidril. Tad sklopih dogovor
sa starom da voće nosi kraljici u dvor.

Joj, na bijelom konju stiže moj princ gnjavator!

MATOVILKA

Mislim, ono, kad će više proći ta korona!
(Izolacija u tornju od samog početka.)
I nipošto ova pjesma nije anakrona –
frizerka mi pozitivna, sama kosu četkam.

A kosa mi brzo raste (takvi su mi geni):
čet'ri i pol centimetra svakog božjeg dana.
Probala sam raščešljavat – ne ide to meni,
pa je kosa – čvor do čvora; ja – isprepadana.

Kako ću ju sada jadna spustiti kroz prozor
kad je poput oštrog trnja, a ne duga, meka?
Kako (da ne čuje baka), „Pazi, pažnja, pozor!"
doviknuti dragom koji potajice čeka

da mi se po kosi popne (da ne vidi baka)?
Jer na tornju ne postoje ni vrata ni kvaka.

(Nadam se da moj ljubljeni nije cjepidlaka.)

PRINCEZA KOJA JE POLJUBILA ŽAPCA

Frajeri picajzle idu mi na jetra,
pa i ovaj žabac što kraljević posta;
u svakoj su sobi dva-tri termometra –
non-stop u njih bulji, mjeri. Već mi ga je dosta!

Provjerava vlagu i temperaturu
da mu hidratantnost kože bude stalna.
A da nađeš, *honey*, neku novu curu?
Poljubit te bila mi je greška kardinalna.

Otkači se više i mene i moga
kreveta, tanjura i kraljevske krune!
Raskid tražim našeg braka propaloga
i spremna sam za to platit teške milijune.

Ja sam svoje ponudila, vrlo delikatno.
Odbiješ li - u bunar ćeš, skupa s loptom zlatnom!

KRALJEVNA NA ZRNU GRAŠKA

Nemam pojma, tek nađoh se vani u oluji
(možda mi je preslab bio za spavanje prašak?);
no, problem je što o meni cijeli svijet sad bruji,
i čim pomisli na zrno, pomisli na grašak.

Probala sam sve madrace, i meke i tvrde,
i one sa oprugama, od perja i slame.
(Fuj! Iz slame izlazile neke bube grde;
spavati sa stjenicama – to nije za dame.)

I na zračnom i vodenom i onom od gela
spavala sam. Lateks madrac bacila sam lani.
Memorijski mi je zakon – uvalim se cijela;
milina je na njem spavat – kao u svilani.

Onih dvadeset iz bajke, vjerujte mi, ljudi,
bili su i bez tog graška kao kamen tvrdi.
Al' što mogu, ja usluge svoje dalje nudim;
mušterija ima raznih, i lijepih i grdih.

POSLJEDNJA ŽENA MODROBRADOG

Otmjen i bogat, al' ružne brade,
plave – čak mu i brkovi plavi;
sad dvije se sestre međ sobom svade,
nijedna neće pir s njim da slavi.

Popusti mlađa, prođe je trema,
zavolje svog neobičnog muža.
No ubrzo on na put se sprema –
na rastanku joj ključeve pruža.

„Slobodno stupaj odajom svakom,"
(ona već ćuti neku tjeskobu)
„ali će strašan bijes moj bit ako
proviriš tek u podrumsku sobu."

Pa ode. Njene dođoše drúge
i sestra. A i braću je zvala.
Razgovore vođaše duge;
svaku je sobu im pokazala.

Zlata i srebra, pokućstva, halja
odaje pune – prava divota!
Al' nju sveđ muči soba najdalja;
ne ući bila bi prava grehota.

Najmanji ključić u bravu turi
škljocnu jedan... dva... triput brava.
Laganim krokom, a opet žuri
u zabran. Tamo – čeka je strava.

Soba je puna umrlih žena
što prije nje su suprugom zvale
tog Modrobradog. Prestrašna cijena
za znatiželju. Zbog nje su pale.

Ispade zlatni ključić iz ruke
i krv ga prekri što sprat se ne da.
Kakve li nju sad čekaju muke?
Kočiju muža kroz prozor gleda.

Kad zateče ju u neposluhu,
on mačem trgnu, vrat da joj siječe.
Skoro krv kanu po bijelom ruhu,
ali ... (radosti ima li veće!) ...

na vrata, (jer u posjet su kasno
sestrici stigli), banu dva brata.
Trgnuše sablje, zaviču glasno –
i... Modrobradi osta bez vrâta.

Udova mlada, bogata shvati:
„Znatiželjna sam, sretna, budala!
Skoro glavom radoznalost platih –
no bez nje ne bih istinu znala.“

BABA JAGA

U šumici kolibica
s dvije kokošje noge nage,
u kolibi staričica;
to je kuća Babe Jage.

Na ramenu s crnom mačkom,
a na glavi sovuljagom,
uvijek mišlju sa mračnjačkom –
nema šale s Babom Jagom.

Zazovi ju – ona će se
stvorit, pitajuć, na pragu
(sitne joj se oči krijese):
„Zašto zoveš Babu Jagu?"

Žensko će reć: „Baba Jago,
nek jalova bude Mara –
vraćam milo joj za drago
jer me s mojim dragim vara."

Još će htjeti na susjedu
da nabaca brdo ljage.
Ljudi, to je skroz u redu –
to je pos'o Babe Jage.

Opada l' ti možda snaga,
stari, ili nešto drugo?
Spasit će te Baba Jaga,
nećeš apstinirat dugo.

Brzo će na kantar-vagi
uteg počet da se njiše.
Dobro plati Babi Jagi –
i ne beri brige više.

Posta pastuh, a bî raga –
to bi svaki htio, brale;
al' je mudra Baba Jaga
(rekoh da s njom nema šale);

sve će ići ko po špagi,
ko da ti je dvaest ljeta;
poljubac daj Babi Jagi
(jer i ona je koketa).

Znaš da nisu posla čista
kada tikve sadiš s vragom?
I ovdje je stvarca ista –
spetljo si se... s Babom Jagom.

Al' bar je ženski vrag, i nakon onog praška što ti je
dala da popiješ izgleda, ma – ko pin-up gerla...

II. veo:

NA SLOVO, NA SLOVO

NA „M"

Maksimalni maligani,
malodušni maloljetnik,
malobrojni mališani,
metak u manufakture,
mirovine – mirodije.
Malograđanska mahala.

Mimohod mlakonja:
màna, mandarina,
maslac od maslina –
mizerno za meze.
Miliji je meni
minuli miokard,
metiljavo meso,
metastaza mozga.

Međublokovska masturbacija:
milodari za milijunaše,
mahovina na mauzoleju.

Malaksali muž,
marksist, Marsovac.
Mek megdandžija.
Mrk mehandžija.
Miris miraza,
melem melosa.
Mijenjaj maestra!

Metlom po mokraći;
melodična muka.
More na mahove,
makija – ni makac.
Modra malarija.

Marna mi Mara motri mandatara:
mamurna mu mamuza manevrira.

Masakr minornih magnolija;
milosnicu mimoišla milost.

Mrviš majur, mahnit majstore –
makni maškline s moje mazge!
Megaloman, međutim, melje –
miješa mak i marihuanu.

Može marža.
Mrdni malo!
Marš na mase!
Muči, marvo!

Meketavi maturanti –
majušna majmunarija.

Maskota maskenbala,
mali mađioničar
maćehinski muze mošt.
Možda malteški Merlot
Majstoru, Margariti?

Markizo Marice –
martini Maršalu,
maske magnatima,
medice majkama,
muhi mišolovku.

Mamac za mecenu:
maši maternicom!

Mjesec na mjestu –
međuratna međa,
mit o monolitu.
Martovski martirij.
Moli, Magdaleno!
Miruj, Machiavelli!
Modus malversandi.

Memento mori:
mrtva Madona.

Muk... muk... muk.

NA „P"

Priručnik za prirodni priraštaj:
priprosta priprema pripojenja.

Pet prstiju piše peticiju:
Penicilin penzionerima!

Prvostupanjska psihologija:
počupala se prija s punicom.

Produžetak profanacije:
plah plamenac planira preljub;
polugola poludjevica
provocira provodadžiju.
Počivaljka za početnike,
podložak za podjarmljivanje.

Pomahnitala poštarina;
prepotentnost periferije.
Pa, posvuda posuđenice!
Policiju na poliglote!

Pouzdano povećalo:
ponavljanje predrasuda.
Papučari petkom na plac.
Piljar pilji preko plota.
Pliva patka preko paca
pa se peče u pećnici.

Prepečena pura,
punjene paprike,
pikantni pilići,
pohane platane,
pirjani pas (pliva!),
precijenjena pizza,
pita od pirike.
Prekopaj povrtnjak!
Potrošačka prava:
preživaj, preživi!

Produhovljeni pakao –
podstanar u podružnici:
prevrtljivi prepredenjak,
prepredeni prevrtljivac.

Povlastica povjerenja:
poremećena porota,
podozrivi prevaranti.
Primopredaja pokala.
Poslužite se, posranci!

Pametna plavuša
poplavjelih prsa.
Postdoktorandica
pjevanja i plesa,
putem plijeni pljesak.
Precijenjena pica.

Pješčana plaža,
plodna pličina,
puteni plesač.
Poganski pogled –
Prstom u pleksus.
Pih, pijeteta!

Podobni podanici
(perad u perivoju)
postavljaju plinovod.
Podrumsko podvođenje,
poklonjena pokornost.
Pozdravite povorku!
Podrška poltronima!

Pričuvni prezervativ,
prikriveni priležnik,
prerušena primalja.
Prilagodi priključak!
Prežaljeno puknuće,
primorana prinova.
Priguši prigovore,
prihvati prijateljstvo.

Poludio – pet pastorki!
Pobjedonosna podvala,
pravno petokolonaštvo.
Profil profesionalke:
prekaljena preljubnica.
Propucao iz pištolja.
Pitanje polucrnine.

Podnevna podoknica;
početnička pogreška.
Pouči potucala!

Pomorci ponedjeljkom
ponajmanje plivaju.
Predaleko. Presporo.
Pobratimstvo periski;
poodmakao pomor.

Premješteni predsjednik
promarširao putem.
Premudar? Prenagao,
prenapet i premoren.
Preporučam preporod.
Preplanule prepone
preskočit će prepreke.
Preživio pretvorbu.

Prokrustova postelja
propušta prolaznike
kroz pljesnive perine.
Prošli protokolarno.

Proljetni pelud.
Pakosni Pajo
piša po parku.
Pedalj pijanstva.
Prljavi planet!

Papreni paradoks,
podrijetlo pomutnje.
Pranje praskozorja,
prokletstvo povijesti.
Plači, Pepeljugo!
Pleši, Penelopo!
Pjevajte, pajdaši,
pohvalu pojilu!

Paraf na paragraf.
Prsten u pašteti –
preplitka poanta.
Pothranjeni pothvat.
Pošto potencija?
Poderani poplun,
presađeni posjed,
porobljeni porez,
poravnati poraz,
popljuvani patos,
popustljivi porod.

Pogažena pravda.
Plaćenik, paćenik.
Péro, pada perje,
polakše s pokusom!

Pobacaj pobjede!
Palamudiš, priko.
Paničariš, papak?
Prepoznaješ papir,
prištavi pašanče?
Pendrekom po piksi.
Pljusneš pljoštimice.

Pišem ti pismo;
pogledaj pečat.
Pohlepni pohod,
pakleni paket.
Pazi, pogibelj!
Pogrešan pogreb.

Pušiš, partner?
Pamtiš palež?
Priznaj! Pao?
Pokrpaj plašt.
Pometi pod.
Plati polog!
Platim pola.
Posljednji put.

Poslovični
prst pelina –
posljedični
peh pehara.

Putokaz.
Prilika.
Prekasno.
Prepirka.
Propalo.

Puf, pant;
pa-pa!

Pljuc.

NA „T“

Tajna taktika –
tráži talente!
Thomasov travanj,
tronuti Tristan,
trotljavi Tarzan.

Tilda na tikvi –
traljavi traktat.

Trostruki troskok –
tlo se tresucka.
Tras! Tres! Tik-tak. Tja!
Tone Titanik.

Težak ton tjeralice;
trilijun u trezoru.
Terapijski terarij.

Teološka tenzija:
tetošenje titula,
trenutni trećeligaš.

Titlovana tišina.
Tenkom na tintarnicu –
trag tragičnog trenutka.

Tekstopisac na terenu –
tiraža u tmurnoj torbi –
tantijeme o tarabu.

Tužiteljice taštine,
ne tangiraju te tange?
Traperice trapezice.
U tkaninu tko tka tkivo?

Trnoružica trn trpi –
tetanus u tetovaži.

Tintilinić,
Tutankamon,
tijesno tijelo,
têk Tantalov.

Tingl-tangl,
trač se tovi.
Trom tromb trombon.

Trijumf tricâ,
tref i trepet.

Tornado. Toranj. Totalka.

Topću tovari u toru:
terevenka na terasi
tješi trusnu terakotu.

Talionica talira,
tempera temperatura.

Tekućina u taverni
tâži talogom tegobe.
Tapioka u tarani,
trak tamjana u tosteru,
trakavica u tranzitu
također se tiču tebe.

Teoretičar tetura
takoreći teatralno.

Tjeme tišti tekući tein;
tableta za tahikardiju,
tekutovi u tetrapaku,
u temeljcu se topi topaz.

Tanka tabakera.
Turandot testira
tobožnji tokajac.

Tjeskobni tjesnaci,
tankoćutni talac,
tajac troglodita,
timski tifusari.
Teške tabu teme.

Tikovina tinja:
tisuću treptaja.

Taksidermist tepa
tužnome tapiru.
Tektonika tena,
toplokrvno truplo,
tuđa tužbalica,
tvrdokorni tvorac.

Trinaestić trenira
trgajući trešnje.

Tripice u tijestu,
trilje na tanjuru,
tava na tavanu.
Tjedan tjestenine –
trbuh na trenici,
tetiva u tegli.

Tapkati u tami,
titrati u terci
takozvanim taktom:
tango u tandemu.

Tvornica tištine.
(Tu ti je tipfeler.)

Tuda Tiber teče,
trapav trol tetura,
tat tarifu traži,
tramvaj tutnji trgom.
Trče tri tenora
(Tarok, Tartar, Tartuf)
travnatom tratinom.
Trojica u Trnju.
Trkom na teferič
taksijem u Travnik.

Telepatski teklić
po tabanu tapša
tajkuna iz Trsta –
timarenje tigra.

Tratiš toplu tlapnju.
Tegliš na tehnički
teretne taljige,
turistički traktor.

Tarapana! Teror!
Trpite, težaci,
transfuzijsku tlaku!
Tresnu trepavica.

Tancaj, tamburašu,
tancaj tarantelu!
Tam-tam tamburica,
TRO-pa-U-tro-HE-ju.
Točka na tiradu.

III. veo:

NA SROK, NA SROK

VILE

kad tišine
iz dubine
noć preliju
eto dviju
eto triju
žurno lete lijepe mome
vilinskome rodu svome
lijeću mladih vila jata
svaka se u kolo hvata
iz brloga
preko gloga
preko groba
preko boba
preko trave
preko strave
kolo blista
vila trista
vile vrte velo kolo
uokolo
naokolo
brzo spretno
i okretno
kolo vrte
staze prte
ukrug vrte kolo šire
kroz brnistre i šimšire
preko brda preko polja
preko drača i kukolja
po pustari i bespuću
i po šiblju i po pruću
vile hode
kolo vode
preko staza
i bogaza
preko jaza
preko mraza
i još brže i još više
među sove i šišmiše
puno igre malo truda

preko rijeke preko spruda
iz obijesti
do besvijesti
preko gora
na vrh bora
do oblaka
može svaka
poletjeti vila bijela
kao strijela
kad bi htjela
samo mišlju poželjela
vijore im svilen-kose
lete zrakom noge bose
vijore im bijele halje
dok sluđene plešu dalje
ko jegulje skliskopute
zaplićući se o skute
kao jele tankostruke
ko rumene ko jabuke
kao klasi vitostasne
kao ptice zvonkoglasne
lete vile ljepolike
uz usklike
uz cilike
kolo vilinsko leprša
preko cvijeća preko krša
usred gaja vezak vezu
čas o jasen čas o brezu
cikom
vikom
ječe
dreče
bruje
zuje
grùnū
dùnū
kolo mota
preko plota
kolo pletu
mrežu pletu
mrežu pletu ubrzano

smrtnicima nije znano
kakvu mrežu
vile stežu
i potežu
i natežu
niz nizine
niz doline
i cupkaju
i lupkaju
i od tijela kolo tkaju
topću
sopću
lijevo desno
živo šesno
gore dolje
da bi bolje
vrȉskōm preplavile polje
preko njiva i taraba
preko klisura i graba
klikću
sikću
vrište
pište
kolo tuda
kolo svuda
okreće se i vrluda
vilinska je ovo huja
koja jača koja buja
kao vrtlog ko oluja
potokom na časak gaca
pa se potom s hridi baca
evo stiže zora svijetla
trgnut će ih pozdrav pijetla
tad se svaka brzo prene
neke trče među stijene
neke bace se u rijeku
neke nađu krošnju neku
tu ostaju
i čekaju
nove noći i ponoći
da u kolo mogu poći

BJELOUŠKA?

Zasvrbi me lijeva uška –
što u onom grmu šuška?
Je li možda bjelouška?
Pade mi na tlo viljuška,
i s viljuškom pol valjuška.
Kakva li to ružna njuška
preda mnom se sad ljuljuška?
To je, vidim, glava muška
susjeda mog, jednog Duška
što na ljude džukce huška.
Krenu ruka, pade ćuška;
u drugoj mi ruci puška –
past će Duško kao kruška.

GOLUB GUČE

Golub gaćan juče
golubici guče:
„Dođi, moje luče
da te dasa svuče!"
Ona mu odguče:
„E moj prostakluče,
mahnit ljubavniče
i priglupi ćuče,
otrovni pauče
i svirepi vuče,
ludove, šuk-šuče!
Moj dragi ljut huče;
kad gaće navuče,
u grm te odvuče
i tamo zatuče –
nosit ćeš papuče.
Mačka već mijauče.
Zato, moj duduče –
čuči i muči!"

UH

mijesim tijesto – topli kruh
dobro brašno – imam njuh
nešto prhnu – vjetra ćuh
nešto čujem – hrče puh
je l' moguće? – dobro čuh!
dignem glavu – leti duh
je li plahta – ili ruh?
leti šišmiš – posve gluh
ja zapjevam – imam sluh
na vratima – potepuh
hoćeš šaha? – namignuh
gubim topa – kvragu, šuh!
bacim ploču – neposluh
u vazici – miloduh
pade vaza – podignuh
pipnem kamen – skroz je suh
dignem kamen – dobim bruh
čiča miča – iju-juh!

BRK

Ugledah ti crni brk,
zavrtih se kao zvrk;
Zabjelasa nosni šmrk,
u ustima okus grk.
Pred očima mrak mi mrk –
u brzi se dadoh trk!

ASTI MIŠA

Asti miša,
koja kiša!
Gle šišmiša
kako piša!
Ej, Bariša,
jesi iša
od Drniša
do finiša?
Zaobiša?
Nije priša
bez sitniša,
bez slatkiša,
bućkuriša.
Je l' juriša
tvoj mališa
bez kaiša?
Gle kurviša!
Moj hvališa –
ko te šiša!

JOK

Ej stari, bok!
Hoćeš sok? – Jok.

Bi jedan Stock,
fejst žestok? – Jok.

Daj, krvolok,
si za smok? – Jok.

Kak tvoj kružok;
dost širok? – Jok.

Bum ti svjedok
za taj rok. – Jok.

Lupil o štok;
previsok? – Jok.

Moždani blok
je uzrok? – Jok.

Ti predubok
riječni tok? – Jok.

Dobar protok,
krvotok? – Jok.

A vodoskok,
kul doskok? – Jok.

Jel ti da cmok
tvoj poskok? – Jok.

Ajde spat, Rok,
ja sam u šok,
ubi me srok.

GLISTA

Bȉsta jednog humanȉsta
nazvala je scenarȉsta,
rekla: „Pero, čuj, zȁista,
premalo nam je statîstā;
trebat će bar sto taksîstā
da dovede još turîstā.
Halo! Slušam. Kamp nudîstā?
Ma kako si na to prîstā!
Još ekshibicionîstā,
anarhîstā i artîstā!
Što imaš od eskapîstā,
biciklîstā i hobîstā!
Dovedi nam hedonîstā,
optimîstā, utopîstā!
Stvar baš nije sasvim ȉsta.
Ne glumi mi defetȉsta,
trgni se, za ime Krȉsta!
Je l' ti jasno, kužiš, rísta?
Podvala je Pero, čȉsta.
Nađi nekog žurnalȉsta,
nekog dobrog esejȉsta,
da otkrije stvar dȍista.
Pa kad istina zablȉstā!

To je čula jedna glísta.
Provirivši ispod lîsta,
„Mrkvica mu", reče, trȉsta!"

HIT

Preveć kopaš – dobiš žulje,
preveć sediš – dobiš šulje.
Ono kaj je najsmešnije
je da ono kaj je prije –
(ak si furt vu vrtu, polju
da bi klopu imal bolju) –
vun na drugo mesto zajde:
jedi, se.i. Sem mu gajde!
Ak i drugi posel delaš
decu čuvaš, taksi pelaš
šrajbaš, škrabaš il' premetaš,
za peneze cucke šetaš –
opet z rukom moraš zeti
kaj si v usta kanil deti.
To je ljudski kolorit,
kužiš stari? Ruka – rit.

U VLAKU

Vozeć se jutros u vlaku,
vidjeh muškarca u fraku.
Prodaje zjake,
upade mlake –
vidi se da je u braku.

Čvrsto sam stisnula šaku,
odvratila zanesenjaku:
„Neću luđake!".
Maših se kvake –
uspjeh mu pobjeć za dlaku.

ŠKLJÓCA

Išo Šokac,
jebo g' otac,
izgubio škljócu –
a ja išla,
pa je našla
i bac'la u bócu.*

ZAGREBANCIJE

ajngemahtec, aufinger
fala, fakat, falda, fer

dojdi, dekla, druker, drot
koperdeka, klet, kompot

cicntreger, coflek, cug
cajger, cener, cipelcug

kajzerica, kečka, kaj
folirant, furt, frizeraj

gablec, grincajg, grif, gemišt
pajcek, partfiš, pegla, prišt

apetitlih, auspuh
plac, penezi, potepuh

šoferšajba, šinter, špil
rajngla, rinzol, ringlšpil

čaga, čkomi, čušpajz, čvenk
gabor, girtl, gušt, gešenk

šalabahter, šalter, špica
simpa, sokna, singerica

hamper, hokrl, haustor
maher, mukte, mišomor

ober, otpri oberliht!
galge, glokn, gebis, giht

pajdaš pelja puci pleh
sim, stalaža, spika, smeh

badecimer, birc, beštek
fušeraj, fol, frka, flek

šlafrok, šeflja, šaht, škrlak
bofl, bogec, blef, bedak

cucak, ceker, cigaršpic
šlampav, šlauf, škvadra, šlic

hozentreger, halter, herc
germa, gibaj, gepek, gverc

kaslić, kištra, kinderbet
kofer, klofer, kiks, klozet

grintav, gospon, grdo, grunt
fakin, fiškal, fajerunt

dripac, drobi, dibidus
dost je bilo, fertig, šlus

NEMA

Ljudi moji, uvijek ista tema:
život od problema do problema;
čeka li nas sutra stara shema
il' će nas zaskočit nova rema?

Nema tako visokih bedema
od Betlema do Jeruzalema
da vrag neku zloću ne priprema
i kročit nam želi preko trijema.
Šaren-laža pritom se golèma
krije ispod tri premaza džema –
gorki pelin krije šećerlema.

Potres nas je sludio posvema;
statičara i majstora – nema,
rizik – gradom hodati bez šljema.

Korona je velika dilema,
ni cjepiva a ni lijeka – nema;
igramo se izmeđ dva ekstrema:
nonšalantnost – ili ratna sprema.
Kršitelju prijeti anatema.

Gostovanja, promocija – nema,
ispala je *ars* nam iz sistema;
kako živjeti od tantijema?

Mnogi psuju, a mnogo ih drijema,
svejedno da li raja il' krema –
svatko želi pobjeć od amblema.

Budućnost je, kao uvijek, nijema;
nikom nije znano što se sprema;
od „sutra" nas hvata jaka trema.
Držimo se rukama objema
il' totema ili teorema
dok slušamo note rekvijema.
Ove godine je nova lema
„Ima l' dobrih vijesti? – Bome, nema!"

IV. veo:

LIPORICKS*

*liporick – moja stopljenica od lipogram i limerick

ŽESTOKI LIPORICK NA „A"

Dazajnarska a skapa marka
tvaj matar ja, makana, barka
Šta sva na bah dala
Da sad zvaznaš: "Mala!"
Taj žavat ja praklata varka.

Dizajnerska i skupa marka
Tvoj motor je, *makina*, barka.
Što sve ne bih dala
Da sad zvizneš: „Mala!“
Taj život je prokleta varka.

ŽESTOKI LIPORICK NA „E"
PLUS ZAGONETKA

Ked pehelje pesteše led
Eteđeh e špejze pe med -
Tek sletke, fene. Ne,
Ne mežeš pejest sve!
De leznem ne mene je red.

Kad pahulje postaše led
Otiđoh u špajzu po med –
Tak slatko, fino. Ne,
Ne možeš pojest sve!
Da liznem na meni je red.

ŽESTOKI LIPORICK NA „I"

Kid ni kilinji smi išli
I prisićim ibiri prišli
Ji rikih: „Izvìdi!"
Di nitki ni vidi -
Prid svinji si bisiri sišli.

Kad na kolinje smo išli
I prasećem oboru prišli
Ja rekoh: „Izvìdi!"
Da nitko ne vidi –
Pred svinje su biseri sišli.

ŽESTOKI LIPORICK NA „O“

To, golobo moj, mojo lolo,
Do promo so so mnom o kolo.
To, poto kolono,
To, somrtno zvono,
Oh, to, mojo žovotno školo!

Ti, golube moj, moja lolo,
De primi se sa mnom u kolo.
Ti, peta kolono,
Ti, samrtno zvono,
Ah, ti, moja životna školo!

ŽESTOKI LIPORICK NA „U"

Ju musnu u hrunjuvu juhu
sum julu kud zučujum muhu.
Glu, pluvu u ulju -
Uz dnu zgnjučum hulju.
U hvulu tu, duvnu muj sluhu!

Ja masnu i hranjivu juhu
sam jela kad začujem muhu.
Gle, pliva u ulju -
Uz dno zgnječim hulju.
O hvala ti, divni moj sluhu!

KRIZA

U glavu pohota lupi:
“Dragi, slatkiša još kupi!”
„Ma daj skupi snagu
I stani na vagu.“
„Debeli, hajde ne tupi!“

Tijelo bez šećera trpi –
Omoti prazni na hrpi.
„Donesi bombona!“
Tad dreknem s balkona.
„Debela, malo se strpi!“

V. veo:

PJESME NAGLAVAČKE

Inspirirale su me "reverso poems" "Mirror Mirror",
"Echo Echo" i "Follow Follow" autorice Marilyn Singer

Dolje
ili
gore?
Može.
Oboje
znači
nešto.
Čitaš
što
piše.
Kako?
Dolje
ili
gore.

Gore
ili
dolje.
Kako
piše?
Što
čitaš,
nešto
znači.
Oboje
može.
Gore
ili
dolje.

Knjiga.
Pune stranice
snova,
divnih, *neobičnih.*
Mnoštva
slova
priču slažu.
Kakvu
želiš
čitati?
Početak
ili
kraj?
Knjiga.

Knjiga.
Kraj
ili
početak?
Čitati
želiš?
Kakvu
priču slažu
slova?
Mnoštva
divnih, *neobičnih*
snova
pune stranice.
Knjiga.

Pada **kiša**.
Ne
sja **sunce**.
Hladno.
Nije više
ljeto.
Hej!

Hej,
ljeto!
Nije više
hladno.
Sja **sunce**.
Ne
pada **kiša**.

Gledaj
jato **ptica**,
što *po* **zraku** leti
lako.
Dijete zemljom *hodi*.
Brod na vodi.
Cijelo jato
ispod broda.
Što *u* **moru** pliva?
Riba.
Vidiš?

Vidiš
ribâ,
Što *u* **moru** pliva
ispod broda,
cijelo jato?
Brod na vodi.
Dijete zemljom *hodi*
lako.
Što *po* **zraku** leti?
Jato **ptica**.
Gledaj!

U travi
crveni cvijet.
Nestao *je*
snijeg.
Pada
već
noć.
Vuče **se**
buđenja **prirode**
miris
u zraku.
Odlepršao
list
na **putu.**

Na **putu**
list.
Odlepršao
u zraku
miris
buđenja **prirode.**
Vuče **se**
noć.
Već
pada
snijeg.
Nestao *je*
crveni cvijet
u travi.

Vjetar.
Smirio se
ljetni žar.
Čekaju
pješčane **plaže**
prelijepe,
opustjele.
Gužve u gradu.
Odjednom.

Odjednom,
gužve u gradu
opustjele.
prelijepe
pješčane **plaže**
čekaju
ljetni žar.
Smirio se
vjetar.

Plačeš?
Opet?
Zašto
suze
na tvom licu?
Tuga
razloga **nema.**
Vidiš
sunce *na* nebu?
Toplo grije.
Pjevaju
veselo
ptice.
Čuješ?
Gledaj –
maleni mrav
u *travi* hoda.
Sretan **je.**
Svaki dan
sjeti se
lijepih *stvari.*
Ljubav.
Prijateljstvo.
Dobrota.
Šale.
Ma **daj**
prestani s glupiranjem!
Nasmijava me
tvoj **izraz** lica.
Volim
tvoj smijeh.
Hahaha!

Hahaha!
Tvoj smijeh.
Volim
tvoj **izraz** lica.
Nasmijava me.
Prestani s glupiranjem!
Ma **daj!**
Šale.
Dobrota.
Prijateljstvo.
Ljubav.
Lijepih *stvari*
sjeti se.
Svaki dan
sretan **je.**
U *travi* hoda
maleni mrav.
Gledaj!
Čuješ
ptice?
Veselo
pjevaju.
Toplo grije
sunce *na* nebu.
Vidiš,
razloga **nema**
tuga
na tvom licu.
Suze?
Zašto
opet
plačeš?

VI. veo:

EPSKE NOVORUHE

AGINICE MOJA DRAGA

Aginice moja draga,
luto je tvoj Batal-aga
od nemila do nedraga.
Ostao sam bez bisaga,
bez dukata i bez blaga;
ostala mi samo raga.
Dođoh ti na kraju snaga
i u bolu od lumbaga –
ušćeklo me tu otraga –
hladan vjetar, memla (vlaga).

Tek što kročih preko praga,
na krov sleti sovuljaga.
Vidjeh dragu kako, naga,
pije vodu iz krčaga;
neki mangup stoji straga.
U njeg terezija (vaga);
je li to haznàdār-aga
il' šejtana vidim (vraga)?
Tek, u ruci mu – toljaga
i dugačka neka špaga.
Ja pobjegoh do šipraga,
a poslije do Karlobaga,
a najposlije do Den Haaga –
vamte-tamte – hu, istraga;
kažu – dragoj niti traga,
i na mene pade ljaga.
Ma nek ide sve bestraga!
Moja priča – tužna saga.

MIJAT TOMIĆ I TROGLAVA ALA

Što se sjaji u gori zelenoj?
Al' je sunce, al' je srebrn mjesec?
Da je sunce, za brdo bi zašlo,
da je mjesec, već bi uzašao.
Nit' je sunce, nit' je srebrn mjesec,
nego dvóri troglavoga zmaja.
Njega služi dvaest robinjica.

Sjedi zmaje pod debelim ladom,
pa on pije vode šadrvanske
i miriše cvijeće u đul-bašči.
Sjedi zmaje i krilima maše:
"Dones'te mi vina zlaćanoga
i pečena mesa ovnujskoga,
jer sam zorom ružan san usnio.
Za san koji zorom se usnije
kažu da se danom ostvaruje."

Potekoše lijepe robinjice,
donesoše vina zlaćanoga
i pečena mesa ovnujskoga.
Tri ga hrane a četvrta poji,
a još tri mu tri glave biskaju.

A u dvoru nova robinjica,
jedinica u majke, Morina,
rusih kosa, rumen-jagodica,
modra oka i bȉjela lica;
pa ne htjede zmaja zabavljati,
već sve smišlja kako da uteče.

Piše knjigu lȉjepa Morina
vjereniku Mijatu Tomiću,
pa poziva sivu sokolicu
ne bi l' knjigu hajduku odnijela.
„Sestro mila, siva sokolice,
ako bi mi sevap učinila
i dozvala Mijata Tomića,
ja bi' tebi bijela hljeba dala
za tebe i tvoje sokoliće.

Sokolica sevap učinila;
kandžama je knjigu dograbila,
a u kljunu bijeli hljebac nosi
da nahrani svoje sokoliće.
Pred Mijata knjigu ispustila,
pa do svoga gnijezda odletjela.

Kad je Mijat knjigu pročitao
odma mu je mrak na oči pao,
pa on zove svoju vjernu družbu:
"Hej junaci, draga braćo moja!
Zmaje mi je ljubu zarobio;
sedlajte mi moga konja vrana,
idem zmaju na megdan junački.
Spremite mi svilenu košulju,
od bijele svile izvezenu,
i dajte mi moju britku sablju,
britku sablju srmom okovanu,
da ja zmaju tri glave sasiječem."

Kad je Mijat zmaja ugledao
kako sjedi u dvorima sjajnim,
junačko mu srce zakucalo,
pa on zmaju 'vako progovara:
Ej, aždajo, žalosna ti majka,
što si moju ljubu zarobio,
bolje da se nisi ni rodio.
Nego man' se vina zlaćanoga
i pečena mesa ovnujskoga,
pa izađi na megdan junaku;
nije Mijat džaba harambaša
da on ne bi zmaju na rep stao.

Prvu glavu zmaje podigao,
a iz glave crni dim se vije;
huknu zmaje ognjem i plamenom,
pa pogasi vodu šadrvansku;
Mijat britku sablju podmetnuo,
pa odsiječe zmaju prvu glavu.

Drugu glavu zmaje podigao,
a još veći crni dim se vije;
huknu zmaje ognjem i plamenom,
pa izgori sve đule u bašči;
Mijat britku sablju podmetnuo,
pa odsiječe zmaju drugu glavu.

Treću glavu zmaje podigao,
a najveći crni dim se vije;
huknu zmaje ognjem i plamenom
i rastali svoje sjajne dvore;
Mijat britku sablju podmetnuo,
pa odsiječe zmaju treću glavu.
Kako treću glavu odrubio,
tako ga je s dušom rastavio;
pade mrtav zmaje usred dvora.

Nasmija se lȉjepa Morina
i sa njome druge robinjice:
„Hvala tebi, hajduče Mijatu,
što si ljutu alu pogubio,
i nas oda ropstva izbavio.“

Kad ugleda Mijat vjerenicu,
skoči lagan sa svojega vranca;
trči junak lȉjepoj Morini,
pa joj ljubi rumen-jagodice.
A Morina, vila lakonoga,
trči svome dragom vjereniku
pa ga milo u čelo cjeliva.
Podiže ju Mijat na svog vranca,
pa ju nosi svojoj bijeloj kuli
i starici majci udovici
da im sprema kićene svatove.

U AVLIJI JASMIN PROCVJETAO

U avliji jasmin procvjetao.
Tu se gnijezde dva bijela goluba;
jedno drugo krilima pokriva,
jedno drugo gugućuć cjeliva.
A meni je golem dert na duši,
jer ja nemam svog ašik-dilbera.
Na čardaku tužna vezak vezem
bijelom svilom i srebrnom srmom.

Triput meni prosci dolažahu;
prvi dođe Petar Kružić Kliški*
i on nosi dvije kese zlata.
Harambaša meni omilio,
pa ja kažem mojoj miloj majci:
„Vidi majko, lȉjepa junaka!
Ja bi' njega ljubit najvoljela,
sevdisala i begenisala.“

Ali njemu majka govoraše:
„Ne dam tebi svoje jedinice,
još je mlada, za udaju nije;
dođ' junače, za dvije-tri godine.“
Kraj pendžera tužna vezak vezem,
biser nižem niz bȉjelu svilu.

Drugi dođe Lapsanović Mato*
i on nosi četr' kese zlata.
Harambaša meni omilio,
pa ja kažem mojoj miloj majci:
„Vidi majko, lȉjepa junaka!
Ja bi' njega ljubit najvoljela,
sevdisala i begenisala.“

„Ali njemu majka govoraše:
Ne dam tebi svoje jedinice,
još je mlada, za udaju nije;
dođ' junače za godinu dana.“
Vodu grabim i bašču zalijevam,
sevdah sanjam, u srcu tugujem.

Treći dođe Ahmed Dževdet Paša*
u nosiljci od zlaćana drva,
obloženoj svilom i kadifom
i on nosi puna kola zlata.
Nije meni paša omilio
jer je u njeg lice izborano,
noge slabe, leđa pogrbljena;
pa ja kažem mojoj miloj majci:
„Ako sam ti, majko, srcu draga,
ne udaj me za staroga pašu.“

Nije prošla ni godina dana
udade me majka jedinicu
za staroga Ahmed Dževdet Pašu,
bijele brade i punijeh kesa,
a praznoga dvora i poroda.
Hoće paša da mu rodim sina.

A u paše lȉjepih jarana,
a najljepši Safvet-beg Bašagić*
crna brka i dugačke sablje,
lijepa stasa, dubokoga glasa.
Kada dođe paši u pohode
zvonkim glasom iz ćitaba čita,
a sve na me crnim okom gleda
dok ja redam po siniji meze,
rujno vino u čaše nalijevam.
Beže mezi, ali slabo pije
već sve na me rukom pokazuje
da ja paši pehar vinom punim.

Nije paša dugo izdržao,
njega teški sanak prevario,
na sećiju on se prevalio.
Kad je mene beže pogledao,
a meni se u taj čas zamanta,
a da vina ni liznula nisam.

Nije prošla ni godina dana,
a moj paša dobi nasljednika.

*   povijesne ličnosti, nisu bili suvremenici

LOLO MOJA

Lolo moja, živ ti meni bio!
Što si mi se tako nakrivio?
Jesi l' malo previše popio?
Lumpovo si, garava bekrijo!

Bolje ti je sa mnom kući biti,
fino jesti, još finije piti,
poslije toga dobru škiju sviti
i rumena usta mi ljubiti.

Ja bi' tebi dala, zlato moje
(Âna kapetanu kao što je)
mesa, luka, čvaraka i proje,
da omastiš mrke brke svoje.

I još nešto draže od duvana,
(ne smijem kásti, da ne čuje nana).

VII. veo:

NOVE POUKE

MALI PRIGODNI AFORIZMI

Prave se krinke
nose bez šminke.

Svejedno, ruž mi laska
makar ga krije maska.

***

S pola su lica
Dobar i Zlica.

Šljam i elite
ostaju skrite.

***

Čija bit će Columbina:
Pierrota il' Harlekina?

DEVIZA

Trpi i prti
do same smrti.

Ali do tada –
dana je nada.

BAJA I JAJA

Okoš bokoš,
prdne kokoš.
Pita baja:
„Kol'ko tebi treba jaja?"

Puno koka ima
u bogatog baje,
al' nešto ne štima –
fali jedno jaje.

POUKA:
Ispeci jaje, ako ga imaš.*

---

* Prema *Ispeci pa reci.*

ZEC I VJEVERICA

Eci peci pec
Ti si mali zec
A ja mala vjeverica
Eci peci pec

Jednog dana reče
vjeverica Olji:
„Zec, na ražnju pečen,
ne može bit bolji.“

POUKA:
Ne pravi ražanj bez vjeverice.*

....

* Prema *Ne pravi ražanj bez zeca.*

EN TEN TINI

En ten tini
Savaraka tini
Savaraka tika taka
Bija baja buf

On je fini,
baš je kak ja fini;
sebi bi ga zela saka –
Bog daj da ja bum.

POUKA:
Svaka ptica svome svatu *leti.* *

---

* Prema *Svaka ptica svome jatu leti.*

PATKA

Pliva patka preko Save
Nosi pismo navrh glave
U tom pismu piše
Ne volim te više

Ma s kojim ćeš pravom
patku meni slati!
Platila je glavom –
a i ti ćeš platit!

POUKA:
Piši, riši, ali znaj, s patke perja *ne trgaj*!*

MAČKA

Pokraj peći maca prela
Kraj nje dobra djeca sjela
Pa joj tiho šaptat stala
„Predi, predi, maco mala"

Djeca kraj peći sjede.
U kutiji je maca,
leži i glasno prede
i miša okom šaca.

Pa maco, što je tebi?
Pa daj na miša skoči!
Baš tako blizu ne bi
ti smio mišić doći.

A možda je posrijedi
Schrödingerova spačka,
jer samo njemu vrijedi
ta živo-mrtva mačka.

POUKA:
Nije važno je li mačka crknuta il' cijela, *važno je da
lovi miševe.**

---

* Prema kineskoj poslovici *Nije važno je li mačka crna ili bijela, važno
je da lovi miševe.*

ČOVJEK I ZMIJA
(narodna priča, odlomak)

Vidi čovjek, da mu nema spasa, pa zamoli zmiju, da potraže još trećega i posljednjeg suca. Kad su pošli livadom dalje, sastanu lisicu i ispripovijedaju njoj, što se među njima dogodilo, i zamole je, neka im sudi. Lisica, kako je bila lukava, privuče se k čovjeku, pa mu prišanu: - Ako mi dadeš svoje guske i kokoši, dosudit ću tebi pravo! Onda reče ozbiljno i strogo: - Ja ovdje kao sudac to raspraviti ne mogu, nego ajdmo na ono mjesto, gdje se to dogodilo! Kad su došli na ono mjesto, reče lisica: - Ajde ti, zmijo, u rupu, u kojoj si onda bila, a ti, čovječe, sjedi ondje, gdje si i onda sjedio! Sad namignu lisica čovjeku, a on poklopi kamenom onu rupu, u kojoj je zmija bila. Tako su čovjek i lisica prevarili zmiju.
[...]
Čovjek [...] uzme pušku i ubije lisicu. Lisica se prevali i u posljednjim životnim trzajima reče:
- Ovako čovjek plaća. Ja sam mu spasila život, a on mi ga je uzeo!

Tko s čovjekom tikve sadi
neka dobro pazi;
drugima o glavi radi
i kada ih mazi.
Moto mu je: „Varaj, kradi,
koga stigneš, gazi."

POUKA:
Dođoše divlji, pa istjeraše pitone.*

* Prema *Dođoše divlji pa istjeraše pitome.*

JABUKA

Kruška, jabuka, šljiva
Kaže mala Iva
To je voće slatko
Jeo bi ga svatko

Kruška, jabuka, šljiva
Mene voli Iva
A ja Ivu neću
Za drugim umrije' ću

Otkad je iz raja
izašlo to drv' –
oko ploda graja
tko će zagrist prv' –
(borbi nema kraja) –
čovjek ili crv.

POUKA:
Jabuka ne strada *daleko od stabla.**

---

* Prema *Jabuka ne pada daleko od stabla.*

PJESMA O TIŠINI
(ulomak)

Dobriša Cesarić

Ne laže nikad. Ne osvaja zvukom.
Blagoću ima stare mame.
Ko dobar drug je; zagrli te rukom
I punim smisla govori ti mûkom,
Ili ti ruku položi na rame.

Laže čim zine. A posve je nijema.
I zla je ko maćeha stara.
Ko neprijatelj je; ne znaš što sprema
i nikakva smisla mûk njezin nema;
izvjesno je da uvijek samo vara.

POUKA:
Tko tebe ledenom, *ti njega* gluhom.*

---

* Prema *Tko tebe kamenom, ti njega kruhom.*

KRUH*

Pekarima iz „Opskrbe" poručujem nešto:
Kruh je dobre kvalitete, pečete ga vješto,
al' ga sijte na sitnija sita –
u kruhu sam našla crva, tanana i vita.

POUKA:
Kruh, a jadan.****

* Ovu je pjesmu napisala i nadležnima poslala moja mama kad je bila djevojka.
** Prema *Kruha gladan.*

LAĐARSKA SERENATA
(ulomak)

Đorđe Balašević

Malen je sobičak srce bekrije
jednu jedinu može primiti
al' bez brige, sve da santa nebo prekrije
imaš di prezimiti.

Da ti je bekrijska sobica ko dlan
ma bez problema ja ću u nju stat
(od mećavâ sakrit će me taj tvoj mili stan)
i proljeće dočekat.

POUKA:
Jedna lađa *ne čini proljeće.* *

---

* Prema *Jedna lasta ne čini proljeće.*

BALADA IZ PREDGRAĐA
(ulomak)

Dobriša Cesarić

I lije na uglu petrolejska lampa
Svjetlost crvenkastožutu
Na debelo blato kraj staroga plota
I dvije, tri cigle na putu.

I brije na kuglu Madame Capra Campa*,
škica me ispod turbana:
„Debelo ćeš platit. Zlato na sunce!"
I pokaže dva buzdovana.

POUKA:
Izgubljeno blato *može se naći, izgubljeno* tjeme
*nikada.***

---

* Talijanski „petljezik" (moja kovanica u značenju „fraza teška za izgovaranje") *Sopra la panca la capra campa, sotto la panca la capra crepa.* – Značenje: tko je gore, preživljava, tko je dolje, taj crkava.
** Prema kineskoj poslovici *Izgubljeno zlato može se naći, izgubljeno vrijeme nikada.*

TKO SE BOJI

Tko se boji vuka još, tri za groš, tri za groš
Vuka se ne bojim ja tralalalala

Tko se boji – trtaroš, trtaroš, trtaroš,
Njega repom pljusnem ja, tralalalala.

POUKA:
Tko prizna da je kukavica, taj nije dabar.*

* Prema *Tko prizna da je kukavica, taj je hrabar.*

MITO

Zima zima, e pa šta je
Ako j' zima, nije lav
Zima zima, pa neka je
*Ne boji se ko je zdrav**

Doktorima daje, daje
lovu u kuverti plav-
oj, a doktor malo haje
tko j' bolestan a tko zdrav.

POUKA:
Bolje šutnuti *nego* tutnuti.**

---

* Čika Jova Zmaj
** Prema *Bolje spriječiti nego liječiti.*

JA POSIJAH REPU

Ja posijah repu, repu
Žena veli – mak
Ja posijah repu, repu
Žena veli – mak
Hej haj, ženo moja
Neka bude volja tvoja
Hej haj tiki tak
Nek od repe bude mak

Ispekla sam proju, proju
a ti veliš – kruh.
Ispekla sam proju, proju
a ti veliš kruh.
Hej haj, dragi moj,
pšenični je kruhek tvoj,
Hej haj, miš i puh,
nek od proje bude kruh!

POUKA:
Rugala se prova* pšenici.**

---

* proja, proha, kukuruzni kruh
** Prema *Rugala se sova sjenici.*

UMILJATO JANJE

Baa, baa, black sheep, have you any wool?
Yes sir, yes sir, three bags full!
One for the master,
One for the dame,
And one for the little boy
Who lives down the lane
Baa, baa, black sheep,
Have you any wool?
Yes sir, yes sir,
Three bags full. *

Majka ovca daje runa – dvije pune vreće,
Pomajka će dat još jednu – ako bude sreće.

POUKA:
Umiljato janje dvije majke *šiša.***

---

* Prema internetskom izvoru https://www.historyanswers.co.uk/
news/the-deadly-effects-of-victorian-fashion/his ova je pjesmica
nastala u 13. stoljeću nakon uvođenja visokih poreza na vunu. Pri-
hod od prodaje vune dijelio se između kralja (*master*), crkve (*dame*) i
uzgajivača (*little boy*). Stih *And one for the little boy who lives down
the lane* prvotno je glasio *And none for the little boy who cried down
the lane*, što je značilo da uzgajivaču, nakon visoke porezne stope
koju je morao platiti, ne bi ostalo ništa.
** Prema *Umiljato janje dvije majke sisa.*

TKO TEBE KAMENOM

*U ono vrijeme Isus se uputi na Maslinsku goru. U zoru eto
ga opet u Hramu. Sav je narod hrlio k njemu. On sjede i
stade poučavati.*
*Uto mu pismoznanci i farizeji dovedu neku ženu zatečenu
u preljubu. Postave je u sredinu i kažu mu: "Učitelju! Ova je
žena zatečena u samom preljubu. U Zakonu nam je Mojsije
naredio takve kamenovati. Što ti na to kažeš?" To govorahu
samo da ga iskušaju pa da ga mogu optužiti.*
*Isus se sagne pa stane prstom pisati po tlu. A kako su oni
dalje navaljivali, on se uspravi i reče im: "Tko je od vas bez
grijeha, neka prvi na nju baci kamen."*
Iv 8,1-11

I prignu se jedan i maši se kama
i pogodi ženu nasred čela bijela.
U pol bijela dana tad nastade tama.

Duh huknu i zemlja zatrese se cijela.
Onog što se prignu – gutnu crna jama,
a besmrtne duše izađu iz tijela.

POUKA:
Tko tebe kamenom, ti njega *duhom.**

---

* Prema *Tko tebe kamenom, ti njega kruhom.*

BAJKE

Kad je trebalo slaviti svadbu, dođoše neiskrene poluses-
tre, da se dodvore i da s Pepeljugom sreću dijele. Kad su
zaručnici pošli u crkvu, bila je najstarija sestra s desne, a
najmlađa s lijeve strane, i golubice iskljuju svakoj po jedno
oko. A kad su izlazili iz crkve, bila je najstarija s lijeve, a
najmlađa s desne strane; i golubice iskljuju svakoj dru-
go oko. I tako za svoju zlobu i neiskrenost biše kažnjene
sljepoćom za čitav život.
Crvenkapica donese kamenja, njime natrpaju vuka, pa
kad je ovaj htio pobjeći, pritisnu ga kamenje tako, te pade
mrtav.
Nato se kraljica uplaši i sva pozeleni od zavisti. Od toga
dana zadrhtala bi od bijesa, kad bi vidjela Snjeguljicu; tako
ju je mrzila. Zavist i oholost rasle u srcu njezinu sve više,
te nije imala mira ni noću ni danju. Napokon zovne nekog
lovca: - Odnesi to dijete u šumu! - reče kraljica. - Neću
da mi je više pred očima. Ubij ga, a za dokaz treba da mi
doneseš jetru i pluća.

O, sirota mala djeca:
u priči za laku noć –
strahotâ da samo jecaš
i sanjaš zlo što će doć.

POUKA:
Kakva *bajka*, takvi *sni.**

---

* Prema *Kakva majka, takva kći.*

CVRČAK (ULOMAK)

Vladimir Nazor

I cvrči, cvrči cvrčak na čvoru crne smrče
Svoj trohej zagušljivi, svoj zvučni, teški jamb...
Podne je. – Kao voda tišinom razl'jeva se
Sunčànī ditiramb.*

Cvrčiš i gnjaviš sa svake grane,
bole nas uši i baš smo ljuti;
tako ti tvoje krvi sunčànē
i pjanstva – hajde više ušuti!

POUKA:
Ne *cvrči* pred *lúdōm.**

---

* Prema *Ne trči pred rudo.*

KIŠA PADA (SEVDALINKA)

Kiša pada, trava raste, gora zeleni
I gora se s kišom sasta, a ja nemam s kim

Dok po meni kiša curi
Moj se dragi drugoj žuri.

POUKA:
*Curi po svakom.**

---

* Prema *Žuri polako.*

SPES AUTEM IMPIORUM PERIBIT*

Pakost što se laži klanja nek od jala plače –
istina se srcem brani, i perom ko mačem.

---

* *Nada zlih će propasti a opakima je nada uprazno (Poslovice 10; 28.)*

U KUŠNJI SE KUKOLJ SAM OD ŽITA DIJELI
(U OBRANU MAJKE)

U kušnji se kukolj sam od žita dijeli,
pravu narav svoju pokazuje svakom;
kad gorahu jednom veli dvori bijeli,
prokaza se tko je prazne slave lakom.

Ognjeni zmaj crni i gusti dim baci
na visoki toranj lijepa dvora bijela.
U muci se, kažu, poznaju junaci:
Hitro, palača nek ostane nam cijela!

Četica se hrabrih vitezova dade
u borbu, dok plamen vije se do neba.
I pobijedi dobro, zmaj poražen pade;
ranjene i slabe sad zbrinuti treba.

Kažu sve je dobro što se dobro svrši,
al' dok jedan dobrog prihvaća se djela,
drugi lažnom riječju istinitost krši,
tamnu sjenu baca na herojstva smjela.

Za sretan je ishod trebalo i sreće
i visoki toranj obnovljen će sjati,
al' zbog misli jedne od plamena veće,
šaka dvorjanina iz prikrajka pati.

Vrli biti žele, al' im u tom smeta
(čula sam, versima vi vjerujte mojim)
starica što ih, od devedeset ljeta,
zatočene drži u dvorima svojim!

AUGUST ŠENOA: RIBAREVA JANA

Po cijelom kraju na sto milja,
ljepote takve nij,
što lijepa Jana pokraj Save,
ribara starog kći.
Ko drijenak su joj pune usne,
ko trska vitka stas,
ko riba ima bistre oči,
ko ševa milen glas.
A vesela je - cijeli vrbnik
od jedne pjesme pun,
kad starcu ocu mreže plete,
il' tjera uz kraj čun.
I pjeva Jana: "Lude ribe!
Ah, u vas mozga nij,
ne boji vam se muške mreže
ribara starog kći."
I starac otac ribe lovi,
Al' lijepa Jana, da,
mladića trista nehotice
ulovit za čas zna.
Al' Jana pjeva: " Lude ribe!
Ah, u vas mozga nij,
ne boji vam se muške mreže
ribara starog kći."
I minu vrijeme - tihom noći
na brijeg se tisnu čun,
i nešto šapće - tužno dršće
nad vrbljem mjesec pun.
Iz grada ribe lovit došo
gospodin lijep i mlad,
poljubio je - ostavio;
Oj Jano, što ćeš sad?
Ko trnule su sad joj usne,
ko vrbi zguren stas,
ko zimsko nebo mutne oči,
ko kukavici glas.
Do Save sjedeć Jana tepa:

"Oj sretne ribe vi!
U vama nema vrele krvi,
a ja sam, ljudska kći."
Moj ribar teško mrežu vuče,
ne to ti riba nij:
" U mreži blijeda, mrtva leži
ribara lijepa kći."

SAE: OSVETA LIJEPE JANE

U cilom kraju od sto vrsta
Kurvara takvog nij!
Curetke motam oko prsta.
Pohotnik. Čisti grij.
Čim spazim kakvu zgodnu ženu,
Ja stisnem je uz plot
A onda pljunem na kob njenu,
Jer ja sam pasji skot.
I lijepu Janu lažno ljubih,
To nije bilo fer.
Lažju umalo da ne ubih
Ribara starog kćer.
Bio sam njezin sivi soko,
Onako lijep i mlad,
Ali na drugu bacih oko,
O, što ćeš Jano, sad?
„K'o trnule su sad joj usne,
K'o vrbi zguren stas,
K'o zimsko nebo mutne oči,
K'o kukavici glas.“
Ma što me briga, uostalom!
Da plačem za njom zar?
Opičim slatki seksi-slalom,
A suze?... Njena stvar!
No jučer opet sretoh Janu,
Pita me: ti si živ???
Zar ne znaš, dragi, u mom stanu
Zaradio si.... HIV.

S.IRENA: JANINA PRIČA

U cijelom carstvu moga oca,
Nitko mi nije par.
Najljepša, ogledalce zbori,
To poznata je stvar.
„Ko drijenak su mi pune usne,
ko trska vitka stas,
ko riba imam bistre oči,
ko ševa milen glas.“
Mnogi su mene imat htjeli,
Mnoge sam htjela ja,
Al’ mene može dobit samo
Tko odgovore zna.
Jednoga dana na dvor stupi
Kraljević lijep i mlad,
Al’ arogantan dozlaboga –
Pitanja pitam sad.
„Prvo mi reci, mladi momče
Što nosi svaka noć?“
Znao je odmah na što mislim:
„Nada će s jutrom doć.“
Pitanje drugo spremno imam:
„Gori, a vatra nij?“
I na to odgovor mi daje:
„Krv što u nama vri.“
Još jedno pitanje mi osta
(Zaslužit mora me):
„Od kojeg leda vatra gori?“
„Ljubavi, od tebe.“
Ajd kvragu lijepi kraljeviću
Slomit ću tebe ja;
Pozovem ga u vrt u šetnju
Bobica da mu dam.
S jedne je strane grana drena,
A s druge tise žbun,
Dat ću mu otrov boba tise;
To moj je obračun.
Al’ prije nego stigoh granu
Ja prema sebi svit,
Kleknu i prsten meni stavlja:

„Jano, ti moj si cvit."
I sada evo trbuh raste,
Ne znam je l' sin il' kći;
Svejedno, jer po dvoru trči
Već jedno pet-šest njih.

Pitanja i odgovore (nada, krv i ljubljena žena (Turandot)) koje Turandot postavlja Calafu preuzela sam iz istoimene Puccinijeve opere (libretisti Giuseppe Adami i Renato Simoni). Izvorni odgovori iz istoimene komedije Carla Gozzija na kojima se temelji opera jesu *sunce*, *godina* i *Turandot*.

VIII. veo:

SLOBODNJAČE

RANA

Upalila se
peče
bridi.
Potmula bol iz središta
poput neodlučne amebe
širi duge pseudopodije
u svim smjerovima.
U malom vrtlogu u koži
pulsira sirovo meso.
U udubini se sjaji ljepljivi sok.
Pritisnem rubove
a njegova gustoća
navire poput šećerne vodice
i prelijeva se preko obline bedra.
Otvaram sterilnu kompresu
i brišem ružičastu tekućinu.
Pipam oko rane
i napipam
veliku kvrgu
oko oboda.
Prelazim prstom preko otvora
pa onda nježno masiram rubove
već pocrvenjele kože.
Bol prestaje načas
a onda se
osvetnički
kvadrira.
Nanosim na flaster
zrnce antibiotske masti
i prekrivam ranu.
Sutra će izgledati bolje.
I manje će boljeti.

Ujutro rana više ne boli.
Skidam flaster
i s flasterom kožu,
poput tvrdoglavog selotejpa
koji za sobom povlači
i dio papira

na koji nije zalijepljen.
Sada je otvor velik kao gnijezdo
spleteno od latica crvenih makova.
Iz njega prhne kolibrić
s kapljom krvi na kljunu.

Udišem miris metala.
Ulazim prstima u ranu
kao u ribu koju treba očistiti prije prženja
i razdirem kožu
vezivno tkivo
mišiće
tetive
živce.
Noktima
trgam meso s kosti
poput medvjeda
koji naoštrenom šapom
smrtno razdire žrtvu.
Čupam arterije
vene
i kapilare
kao korijenje malinova grma
s kojih vise komadi mesa
kao humus na korjenčićima
i dlačicama
čvrsto uraslim u zemlju
koju
iščupano
još pohlepno pokušava zadržati
a ona mu
svojom rastresitošću
odnosi život.

Iz noge koje više nema
izlijeću kolibri krvavih kljunova.

FETUS

nije ostavila pijanca
koji je svake noći
liježući u zajedničku postelju
smrdio po kiselom vinu
cigaretama bez filtera
i jeftinom ženskom parfemu
iako je znao da je njegovo sjeme
proklijalo u njoj

nije ostavila nasilnika
koji joj je naglim potezom kose
istegnuo vrat
i šamarao lice sklisko od suza
i to trenutak nakon što je
njegovu ruku prislonila na svoj trbuh
da osjeti micanje ploda
njihove propale ljubavi

nije ostavila monstruma
koji ju je u osmom mjesecu trudnoće
šakama izudarao
po velikom napetom trbuhu
u kojem je spavalo
njihovo nedužno čedo

pala je na pod sklizak
od tek pobrisane povraćotine
koju joj je sinoć poklonio
vrativši se iz pijančevanja
i vidjela ga kako zatvara za sobom
vrata
njihova besmislenog doma

djetešce se okrenulo
u posteljici
i prstićima napipavši
ono od čega je nakon rođenja trebao postati pupak
odmjerilo dužinu sluzave pupkovine
i objema ručicama je
dva puta ovilo sebi oko vrata.

PČELE

prvo me zaboljela glava
duboko iza očnih duplji
poznata naznaka predstojeće migrene
onda mi je počelo zujati u ušima
vlažni zvuk mora iz davno umrle školjke
potom su mi počeli trnuti prsti na rukama i nogama
pokušavala sam stiskati šake i micati nožnim prstima
nisu me slušali
bili su oduzeti
obamrli
bol se pomicala
prema potkoljenicama i podlakticama
pa se proširila
u nadlaktice i ramena
u natkoljenice i zdjelicu
probala sam abdukciju, ekstenziju – ništa
slijeganje ramenima, čučanj – bez uspjeha
odrvenjela sam
srčani parazit kružio je
iz desne pretklijetke u desnu klijetku
u lijevu klijetku u lijevu pretklijetku
pa ispočetka
u crijevima je počelo kruljenje
vibriranje
titranje
daleki huk orkanskog vjetra u naletima
štropot kiše po prozorima
nokti su se otkidali od prstiju
kao crjepovi s krovova
ruke i noge slamale
kao stabljike suhe trstike
utroba se parala
kao pletivo
red
po
red
pravo
krivo
pravo

krivo
do lančića na kraju
okreni
pa sljedeći red
krivo
pravo
krivo
pravo
uši su otpale kao par leptirovih krila
koji nikada neće uspjeti prouzročiti tornado
na drugoj strani planeta
a oči osušile kao dva priljepka
otrgnuta s kamena i izložena suncu
kad sam konačno uspjela otvoriti usta da uobličim
krik samrtne agonije
iz grla mi je izletjelo
pedeset kilograma
uginulih pčela.

JUTROM

svake večeri
poslije pranja zuba
skidanja šminke
i nanošenja hranjive noćne kreme za lice
uzimam šivaću iglu
koju sam prethodno
dezinficirala alkoholom

probadam jagodicu
prstenjaka lijeve ruke
koji je nekada nosio tvoj prsten
i istačem krv u malu bočicu

tako skupljam vlastitu krv
sve dok se bočica ne napuni do vrha

sljedećeg jutra
uzimam zašiljeno bijelo guščje pero
i umačući ga u tintarnicu
ispisujem riječi
posljednjeg pisma tebi

završit ću ga
kada u umivaonik
zajedno s pastom
ispljunem posljednji zub
kada uz vaticu s micelarnom otopinom
u koš za smeće bacim i gornje očne kapke
kada u prstu više ne bude dovoljno krvi
da napuni tintarnicu
i kada mi beskrvna ruka
još uspije kaligrafski lijepo napisati
„Zauvijek tvoja
A. A.*“

***

* Agata Antenal, autoričin pseudonim pod kojim su na Facebooku
objavljene neke od pjesama napisanih slobodnim stihom.

TAMNICA

Još kao djevojčicu
zatvorili su me u tamnicu
nepoklonjenih lutaka
pregaženih snova
prisilnih pokreta
pokopanog djetinjstva
nametnutih osjećaja krivnje.

Jato ptica
na obrisu neba.
Kroz rešetke ulazi
sunčana zraka.
Na krevetu od slame
svilene čarape.
U kutu
miš.

Pregršt otpalih trepavica –
alopecia aerata
i krastica na usnama –
herpes simplex.
Noli me tangere.
Mozak u krletci
živi
buja
raste
uskoro će se probiti kroz lubanju
i poput amebe
uspeti se vlažnim zidom
kroz zahrđale rešetke
i onda
poput velikog balona
poletjeti u sve...mir...

FRANKENSTEINKA

iz trupa mi zjapi bubanj perilice
umjesto srca, šuti zidni sat
rebra su mi zahrđale opruge madraca
dva bubrega, dva šuplja rasplinjača
pokvarena pumpa za odvod moj je mjehur
a crijeva polomljeni cjevasti grijači
prsti, izglodani vijci od čelika
u glavi se puši pregorjeli procesor –
spremna sam za Turing test.

JEZERO

vjetar miriši na krv;
moj dah leti nada mnom
dok, za okladu (da je led dovoljno debeo),
u rano proljeće
tjeram konja preko zaleđena jezera

krc krc
i pukotine se
razlijevaju po ledu,
estetski skladno kao žilice na listu;
konj skače sa sante na santu:
razmaci su sve veći –
led se razdvaja
brzinom uplašena zeca

odjednom
pred nas vjetar podigne mrežu
koju su ribari postavili prethodne jeseni
pa ju je rana studen zarobila
u ledenu stupicu
gdje je čekala otapanje pod proljetnom toplinom

konj se pokušava zaustaviti
ali momentum je nezadrživ
i mi ulijećemo,
naivnošću gavunâ u ribljem oblaku
koje se pomiče kao jedinka

mreža nas prihvaća
u svoj ispruženi dlan
i zatvara se poput šake
dok tonemo
u crno plavetnilo dubine.

SEDAM VELOVA

iza sedam velova
poput Salome
skrivam svoju odrješitu ljupkost

prvo ću skinuti ponćo
istkan od vune alpake s andskih obronaka zapadne Bolivije
koja je pripadala siromašnom indijanskom seljaku
i koji ju je, nakon što je u svojoj jedanaestoj godini života
pokleknula pod teretom i više se nije mogla uspraviti na noge,
prodao peruanskom mešetaru za 10 novih sola*
kako bi prehranio šestero djece
čija je majka umrla zajedno s njihovim sedmim djetetom,
rađajući ga

potom ću skinuti kaput od devine dlake
boje saharskog pijeska
vjetrovima istjeranog iz oka beduinske djevojčice
koju je, kao siroče razbojničke odmazde,
u zaštitu uzeo vodič karavane
misleći pritom na svoju otetu, i nikad pronađenu,
najmlađu kćer

onda ću skinuti vestu
u koju je upleteno
438 grama svilene dlake angorskih kunića
uzgojenih na jednoj farmi u Francuskoj
takozvanoj *cruelty-free*
(sve dok na internetu nisu procurile snimke
čupanja dlake naživo),
i s dugmadi od sedefa
napravljenih od školjke Pinctada maxima
izronjene na dah iz istočnog Indijskog oceana
uz mnoge slučajeve dekompresijske bolesti
pa čak i smrti, ronilaca

* novi sol – peruanski novac

nakon toga svući ću haljinu od organza svile
za koju je umrlo sedam stotina dudovih svilaca
u kineskoj pokrajini Jiangsu
pod rukama loše plaćenih i pothranjenih žena
i njihove maloljetne djece

onda ću skinuti topić od stopostotnog organskog pamuka
pakistanskog Fair Trade proizvoda
po cijeni koja, prema Wikipediji,
proizvođačima i zemljoradnicima omogućuje postizanje
veće gospodarske samodostatnosti i stabilnosti

pa su svući grudnjak i gaćice
Vintage Dior s čipkom iz Toleda
kupljene na milanskom Tjednu mode 2019. godine
(platila sam za njih pravo bogatstvo
pa mogu si valjda i ja jednom u životu priuštiti takav luksuz)

naposljetku ću
jednim potezom patentnog zatvarača
izaći iz vlastite kože
godina proizvodnje 1970.
koju sam dobila besplatno, pa time i
bez garancije i bez prava na povrat,
kronično suhe i već pomalo smežurane
(ah taj celulit koji se počinje nakupljati
nakon rođenja prvog djeteta
i nasljedne kapilare nakon 40-e)

tako ogoljena
posegnut ću za crnim Coco Chanel šeširom
tipa „tanjur za desert"
od slame i filca
koji mi još stoji na glavi
a ti ćeš reći
you can leave your hat on
ne znajući da se moja
ljupka odrješitost
krije baš
ispod njega

USNE OD KORALJA

Iznijet ću te na usnama od koralja.
Oblikovat ću te, dršćući,
u jedva čujan trzaj
vješta i uvježbana aparata za artikulaciju.
Za PJEv. Bit ćeš moja PJEsma.

„Umjetnost se vrednuje razinama“,
rekoše mi jednom.
„Kriteriji estetike nisu samo vizualni“,
odgovorih, u svojstvu vlasnice tog ljupkog otvora.
„Čitajte i zvuk.“

Neobična li nabora!
(što prikriva i biser i sumpor),
strateški smještena na početku
devet metara dugačka tunela.

Kakva čudna kombinacija funkcija!:
fiziološka,
komunikacijska,
senzualna...

Ljudi su samo malo sofisticiranije životinje
od kojih se razlikuju snagom
rijéčī i rijêči.

Ne zamaraj me nabitim metaforama –
obezglavit ću te lirikom.

GRUDI OD ALABASTERA

Aretsabàla, aretsabàla!
Posude za pomazanje dekorativne namjene
starih Egipćana
imale su poklopac u obliku lavice.
Bast, od razjarene ženske proždiračice posta
ženom iz ćupa masti i
pretvori se u MAjČinsKU mačku.
Životni nektar čovječanstva
sakrili su zašiljeni erotski užitci žene,
igračke *pustošene pogledima** i dodirima,
*dva bijela hljeba*** u paradoksu (bujniji što se više troše),
dva rastezljiva mijeha
što mirišu na med
dok iz njih kaplje
sveta
     bijela
         vodica.
Majčina sisa.
Matična mliječ
i Mliječni put –
mat(r)ica i prapočetak.

*   Cf. Vesna Parun, *Ti koja imaš nevinije ruke.*
** Prema istoimenoj noveli Milana Begovića.

IX. veo:

IZ CRNIH NABORA DUŠE

UZNICA

Čučim, memlom, stûdi okružena
u izbici bez otvora, zraka.
Svaka pora bića okužena
htjela bi da pobjegne iz mraka.

Svjetla, sunca moje oko traži,
a prostora udovi što trnu;
kosti mi, u bolnoj kamuflaži,
mesom žele da se zaogrnu.

Svojih misli bijedna uznica sam –
da me tlači ne treba mi drugo.
Blagi Bože, daj mi barem da sam
uzvišena dok se borim s tugom.

Ali jer je niskih strasti moja bitka –
agoniji ne daješ užitka.

MONSTRUM

Ógledām u vodi pogled neveseli,
posivjele, zlobom zamućene oči,
pogrbljenu kičmu što se otet želi
nakaradno tijelo tjerajuć da skoči;

iskrivljene noge i slabašne ruke,
trup ružni što nagost ne može da skrije.
Iskežena njuška životinjske zvuke
ispušta kad reži, plače il' se smije.

Osloboditeljsku smrt zovem: „Okončaj
patnje. Gdje si?" Slušam, nema odgovora.
„Izbavi od boli, učini da skonča
čudovišna narav paklenoga stvora!"

Navijek bio proklet rođeni mi datum –
započe od tada moj monstrumski fatum.

ZLO

Od pamtivijeka zloća svijetom vlada,
stvorove glibne kao avet prati;
i zalud se mnoga dobra duša nada
·da joj se dobro može dobrim vratit.

Zlo će se uvijek popeti na prijesto
stog što je mržnja od ljubavi jača –
navalno, prvo sebi bira mjesto.
Ćup smijeha vrijedi kao kaplja plača.

Tog paklenoga sina gdje su grotla?
Guši me, truje i kožu mi smûdi. –
Zar fumarole sumpornoga kotla
u mom su tijelu? Sudite mi, ljudi!

Jer shvatih da sušto oličenje Zla,
nakaradne ljige, zapravo sam – ja!

TKO SAM

Tko sam ustvari? Koja mi je krinka?
Iz oka plava tko u mene gleda?
Da l' odrasla sam žena ili klinka?
Skrivam li srce žara ili leda?

Smijeh, suze mijenjam kao obrazine,
ali možda je i to samo varka;
Možda mi duša ušće je praznine
po kom bauljam kao mjesečarka.

Varam li druge ili samo sebe?
Bole li i njih moje teške boli?
Naslućuju li kako srce zebe

što davno već je prestalo da voli?
Tužna i sama iza maske grebe
ona što oprost ovom pjesmom moli.

MAČKA

Kod mene u sobi živi slijepa mačka što sam
ju zimus, već skoro mrtvu, pronašla kraj praga,
slabu, zaleđenu napol. Al' u njoj još osam
mačjih bje života i, čim vrati joj se snaga,

mačka moju brižnu ljubav čudnim darom vrati:
poželjeh ljepotom biti – na mome se zidu
ogledalo stvori što mi nelijep obraz zlati
i varljivi *trompe l'oeil* radi očinjemu vidu;

pisati poželjeh pjesme, pa iz moga pera,
uzvišeni, divni lako stihovi se stvore;
i od mene evo posta žuđena himéra* –
pjesnikinja vrla, spremna za Parnasa dvore.

Smišljam kamo s tom ljepotom i s tim slavnim srokom
dok u mene mačka bulji svojim mrtvim okom.

* U značenju: hìmera, groteskna neman.

SLANA LAVAŽA (Jadranki P.)

Uzalud već dugo suzu žudim
i uzalud plakati se trudim;
od sve sreće bila bi mi draža
slana i katarzična lavaža.

Lažni izgled pravu sliku krije;
mrtvilo se mojim licem smije.
Od te maske bila bi mi blaža
slana i katarzična lavaža.

Kao meki krevet bolnom tijelu –
da me kiša suza spere cijelu;
letargiji bila bi masaža
slana i katarzična lavaža.

Zalud zovem (imam jaku stražu)
slanu i katarzičnu lavažu.

U LAŽI*

Što stvarnost, i java što je?
Kakvu istinu krije?
Zar zbilja sunce grije
   sa neba visoka?
Zar ovaj brod stvarno plovi?
Putuje l' naša barka?
Je l' more samo varka
   ispred slijepog oka?

Pušu li zaista vjetri?
I padaju li kiše?
Prolaskom, vrijeme briše
   li ranu iz tkiva?
Dok silnom se vodom valja
malog oraha ljuska,
svakoga vala pljuska
   laže da sam živa.

O Luno, što iz visine
pada nam tvoja sjena,
je l' život zgasla zjena
   nekog mrtvog doba?
U našemu vječnom Hadu,
treptaj svjetlosti nove
znači li da tek snove
   živimo do groba?

Iskre u golemu mraku
zatinjaju na časak –
potvrđuju li prasak
   kojeg bilo nije?
Rodiš se, živiš, umreš?
Možda su sve kulise,
otrov majčine sise.
Matrica se smije.

* Povodom punog mjeseca 28. 1. 2021. Metrika AbbcDeec po uzoru na
  Leopardijev IL RISORGIMENTO (PREPOROD) – nenamjerni „misnomer".

LUPA

Sačuvaj me, Bože, lažnih kapelica,
prevrt-prijatelja što dva nose lika,
nepoštenih i još k tome bešćutnika
što im osmijeh krije narav izdajica;

onih što te lupe mučki, iza leđa,
pa se onda, čude, pravdaju pred svima –
kao, ti si krivac, koji je baš njima
učinio nešto što ih jako vrijeđa.

Oni će ti sutra opet prići vješto
i ispriku ̓spremnu ponudit na pladnju.
Daj mi, Bože, snage, da im mogu zadnju
oprosnicu dati. I za kraj još nešto:

nisu samo muški vuci omraženi –
u ovoj je priči žena *lupa* – ženi.

ZAVISTI I ZLOBI

Jedva što sam stigla kasti
„Nisi mogla niže pasti",
a ti pade, moja draga,
i do samog crnog vraga.

Povela si si i drúgu
da u devetome krugu
u jezeru svòm od leda
uživate od objedâ.*

Pa, vječna vam sreća bila!
Kog je zavist dograbila
najjača mu je armada
srce puno zlobna jada.

Teško da je išta gore
od zle ženske ljubomore.

---

*   klevetâ, potvorâ

TAŠTOJ LJUDSKOJ OHOLASTI*

O bijedni ljudski crve što stremiš do visina,
uobraženi stvore što Boga se ne bojiš,
tek slučajnim si spojem aminokiselina
ti došao do mjesta na kojem sada stojiš.

O prokletnička ruljo što likuješ u zloći,
u bubnjeve što lupaš sred đavoljega hrama,
ti ne vidiš da plivaš do grla u ružnoći
svih postupaka svojih. Bez stida si i srama!

O beznačajna, jadna manjino infantilna,
usta punih dobra, pravde – šupljih ideala,
sa stvarnošću si pravom ti nekompatibilna.
Ne izlazi iz svojih uskih areala!

Čovječe, najniža ljudska priroda te vodi.
Bože, od te smradne kuge Zemlju oslobodi!

---

* *Cf. Osman*, Ivan Gundulić, 1638.

DANSE MACABRE

Srce lèdi suhog đerma škripa.
Pjeva, netom pokopana, snaša
bećarac za mrtvog tamburaša
dok miriši posječena lipa.

Selom lavež čuje se iz jarka
pred tri dana uginulog kêra;
uz njeg, sako DAF-ovog šofera
što ga ubi Mica kamenjarka.

Pokopaše uz jutarnju rosu,
(jer je htjela burmu vratit loli)
u svjež grobak, djevojčicu bosu;

on joj nožem nevinu krv proli
po opravi bijeloj i na kosu.
Za dušu se, jadnici, pomoli!

Zadušnica zvoni za bać Miju
(dronjke vjetar raznosi sokakom)
– jučer mu je, na banovce* lakom,
neki mangup zavrnuo šiju.

Ima tjedan dana da se klati
sa vješala truplo nekog skota,
rastavio što je od života
svoga oca, žalosna mu mati.

Pop, kralj, bijedni seljak znade zȁ red;
dobri, loši, rastrošni i škrti,
starci, djeca, svak' će doći nȁ red

u mrtvačkom kolu da se vrti.
Dotad, mrtvi godišnje jedared
sa živima plešu svoj ples smrti.

---

*   slavonski banovac – srebrni novac kovan u prvoj hrvatskoj kovnici
   u Pakracu (1256.)

POTOP I

Tad zlokobni oblak nad Zemljom se nadvi
rigajući žile od svjetla i zvuka;
ljuto para nebo oštrica na bradvi
koju drži Božja neumitna ruka.

Bujicom što ruši kapljičica posta,
valjajući hujom planine od mulja,
a ljudski crv plače, moli: „Bože, dosta!",
ne poznajuć Božju kaznu grešna rulja.

I potopi voda i šumu i njivu,
i kuću i blago i majku i sina.
Bezdan vir mi prijeti; progutat će živu
i mene i nadu strahotna dubina.

Nijemom rukom tražim slamku – spas je varka –
zamiče za obzor spasonosna arka.

POTOP II

U većini ljudi sam crni vrag čuči;
Bog se danas zato i priroda trude
virusima, tréšnjom i vodom što huči
djelotvorno, brzo da pobiju ljude.

Mnogi će, u času dolazeće smrti,
posegnut za kletvom, psovkom ili ljutnjom;
neki će (ko hodač po žici) po crti
što od kraja dijeli braniti se šutnjom.

Uzvišena ljubav, čak i ona bježi
(od smrtnikâ krijuć svoje lijepo lice)
pred vodom što buja, pred zemljom što reži,
bolešću što kosi ljude nemilice.

Današnji će „Noe", da izbjegnu vodu,
pobjeći od kazne u… svemirskom brodu.

APOKALIPSA

Tresi se, zemljo, tresi,
padni, asteroidu;
na slučajnoj adresi
zgnječi čovjeka – gnjidu.

Speri, Zemljo, sramotu
sa svoga lijepog lica;
pošalji gadnom skotu
roj pčela ubojica.

Otrove mu najljuće
ubrizgaj posred srca;
istjeraj ga iz kuće:
nek guši se, koprca.

Oceani nek puni
budu njegove krvi.
Goro, čovječjoj bluni
stijenom lubanju smrvi.

Sve viruse pošalji,
nebeski gospodaru,
pa ovoj ružnoj gvalji
pokaži put k grobaru.

Pošalji sto jahača;
nek rulja u smrt srlja,
i oštrica nek mača
glave po tlu kotrlja.

Tvrdim ih okuj ledom
ili vrelinom sprži,
potamani sve redom
i oguli do srži.

Uzdigni vjetre silne –
nek smakne udar snažni
te crve imbecilne
što misle da su važni.

Tezejâ nema dosta
sve Prokruste da srežu
što muče svoga gosta
dok ga u krevet liježu.*

Taj ološ pojma nema
ni kako reći „hvala";
bližnjemu svome sprema
tek obrok za Tantala.

Medejâ krdo cijelo
ubija čeda draga.
Baš svaki će Otelo
pronaći svoga Jaga.

Živi su Ivan Grozni,
profesor Moriarty,
zlobni, beskrupulozni
otpadi, ljudski škarti.

Drakula živ je, Juda,
Ilse Koch, Bloody Mary,
slobodno šeću svuda
čovjekolike zvijeri.

Pótopi nek se stvore,
neka utope svi se,
i sa Ararat gore
neka im trupla vise.

Nek ne ostane traga
od čovječjega roda
neoprostivih ljaga.
Nek sve odnese voda.

* poliježu

RULET SMRTI

U mračnome kasinu
tek nazirem tjelesa
dok penjem se na binu
u haljini od mesa.

Tu vlasnica me zlobno
čeka, govoreć glasno:
„Već mjesto smo Vam grobno
baš odabrali krasno.

No, zaigrajte prije
i sreću okušajte.“
Mahnito se nasmije:
„Bez srama, hajte, hajte!“

Vodi me blijedom rukom
do ruleta mrtvacâ.
Na ploču, strašnim zvukom,
metalnu kuglu baca.

Kašljucne tiho zatim
i, dok se kotač vrti,
sva užasnuta, shvatim –
ja igram rulet Smrti!

Već kuca dvanaest sati
u mrtvačkome klubu,
i uskoro će stati
i kuglica na rubu.

I čujem: *"In Hell you'll burn"*
dok ori se „*Baccarat**!“ –
Sve odnosi krupje crn,
bilo na *rouge* il' na *noir*.

* nula

KAO U SAN

Neću da me zadnjeg časa prati
smrtni hropac, strašna vatra zebe;
odbijam u agoniji patit -
ja ću, smrti, prevariti tebe.

Otići ću kad ja budem htjela
(svoga tijela, duše *domina* sam),
kad mi bude snaga oslabjela,
kad mi pjesma ostane bez glasa.

Vječni san ću ispiti iz vrča
(tako lijepu smrt i za vas molim),
smiješkom mjesto samrtnoga grča
preko praga prijeći ću bez boli.

Utonuti, po posljednjoj želji,
u smrt, kao u san, na postelji.

SMRT

Kako će divna smrt mi biti,
(ko slatki san u plodnoj vodi),
od svih me zala zakriliti,
ka vječnoj povest me slobodi.

Postojati, imati, znati –
zar ima veće kobi mučne!
U nultu točku smrt će vratit
sve osjećaje bjesomučne.

U jednom trenu nestat sve će
kao da nikad bilo nije.
Reć ću, u milijunki sreće:
„Što, smrti, nisi stigla prije?“

I u tvom nježnom zagrljaju
izgubit ću se u beskraju.

MOJOJ DUŠI

O dušo moja, ti noćom svakom
izlaziš kradom iz moga tijela;
orgijaš s kraljem, plešeš s luđakom,
svatovce pjevaš, pjevaš opijela.

Ti vonjaš na pokošeno sijeno,
note su tvoje prepune trúla*,
tijelo je moje skroz ogoljeno –
u tebi žive sva moja čula.

Od mene, molim, miris ponesi
tek mahovine i suha cvijeća,
strujeći tiho, šaptom prenesi
drhtaje netom ugaslih svijeća.

Dobro zatvori od lijesa brtvu
kada se vratiš u mene... mrtvu.

* truleži

U riječ zaljubljena

Moja prijateljica i kolegica po struci i entuzijastičnom stvaralačkom porivu Irena Stanić Rašin ponovno iznenađuje. Ovoga je puta riječ o misaono i tehnički izuzetno uspješnoj i privlačnoj poetskoj zbirci znakovita naslova *Iza devet velova*.

„*In principio erat Verbum*" („U početku bijaše riječ") i *"Ut pictura poesis"* („Neka poezija bude kao slika)" gesla su kojima Irena spaja riječ i sliku. Radoznalo razgrćemo Ireninih devet velova satkanih od 99 raznolikih tkiva (pjesama), uživajući u njihovim osebujnim bojama i teksturama, otkrivajući što se iza njih krije i analizirajući misaono i estetsko bogatstvo brojnih verbalnih čudesa čarobnice poetske riječi i još neokrunjene, ali brojnim poetskim velovima maskirane kraljice svojevrsnog suvremenog dadaizma i poezije besmisla. Kao što je Tristan Tzara bio car tog revolucionarnog umjetničkog pokreta, tako je, tvrdim, Irena Tzara/Tzarina/carica suvremenog "uskrslog" dadaizma koji, paradoksalno, zapravo nikada nije ni preminuo.

Kao u glazbenoj kompoziciji, Irena sustavno primjenjuje tehniku varijacija na temu. Devet jasno definiranih tema, lepršave svježine nekih od svojih neobičnih naslova ("Liporicks", "Na srok, na srok", "Pjesme naglavačke", "Epske novoruhe", "Slobodnjače"), grana se u mnoštvo varijacija različitih dužina i tehničko-estetskih i intelektualnih izazova. Kad savlada početnu i neizbježnu vrtoglavicu, izazvanu sukobljavanjem s mnoštvom nepredvidljivih varijacija, čitatelj shvaća da je ušao u jedan izuzetno dobro i vješto strukturiran svijet raznovrsnosti, sličan Bachovim *Goldberg varijacijama*. Devet sestara, devet Muza blisko povezanih u svom stvaralačkom žaru, isprepliću se kroz riječ, sliku i melodioznost Ireninih ljubavnih, epskih, komičnih i tragičnih pjesama okupljenih u ovoj zbirci.

Zadnji "poetski veo" zbirke, zlokobno naslovljen "Iz crnih nabora duše", predstavlja slijed izvanrednih pjesama, filozofsko-teoloških razmišljanja o mračnoj sudbini ljudskog tijela i duše i tipičnog ljudskog jaukanja nad tragikom postojanja. Na poseban način, to je i najzreliji ciklus koji govori o svemu onome što se krije iza kobne svile, koju Irena gotovo okrutno dere za sve nas, svoje čitatelje, jer taj je proces, koliko god bio individualan i kroz koji svatko prolazi sam, bez sumnje i sveopći "križni put" ljudskoga roda.

Pjesnikinja Irena, "pjesnikinja vrla, spremna za Parnasa dvore," koja sebe tako, ironično, premda, po mome dubokom uvjerenju, potpuno opravdano, naziva, u sonetu „Mačka" u IX. velu, u tom fantazmagoričnom, danteovsko-bodlerovskom devetom "paklenskom krugu", uistinu je majstor i gospodar poetske riječi, koja uvijek i nepobitno nosi ogromno bogatstvo značenja, zagonetki i tajni. Irenine uzbudljive i virtuozne pjesničke "varijacije na temu" vrijedan su doprinos hrvatskoj poeziji i kulturi općenito.

Ivo Šoljan

Bibliografija

Irena Stanić Rašin je hrvatsko-američka pjesnikinja, dječja spisateljica i prevoditeljica koja živi i radi na dva kontinenta, u gradovima Bostonu i Zagrebu. Kada ne piše, ne prevodi ili ne predaje – a za svoj rad još dobiva i prestižna priznanja – naći ćete ju kako pjeva u vokalno-tamburaškom sastavu Pajdaši, provodi vrijeme sa svojom obitelji (s mužem i njihovo troje prekrasne djece) ili se igra s nestašnim obiteljskim psićem Ottom.

Književna bibliografija

2023. ***Šaljivo putovanje Hrvatskom***, zbirka pjesama za djecu, Hrvatsko društvo književnika za djecu i mlade.

2023. ***Zapao me je komâd***, sonetni vijenac, Forum 1-3, HAZU.

2023. ***Izbor pjesama Gaspare Stampa***, Kolo 1, Matica hrvatska.

2022. ***Pjesme naglavačke***, Forum 4-6, HAZU.

2021. ***Dante Alighieri***, sonetni vijenac, Forum 10-12, HAZU.

2021. ***Dragoj domovini***, sonetni vijenac, Hrvatska revija 2, Matica hrvatska.

2021. ***Djetinjstvene pjesme***, zbirka pjesama za djecu, ilustrirao Boris Kugler (Hrvatsko društvo književnike za djecu i mlade), uz potporu Ministarstva kulture i medija RH u Godini čitanja.

2020. ***AntonTon***, engleski prepjev pjesme *Kako živi Antuntun* Grigora Viteza s ilustracijama Tomislava Torjanca (Perlina Press, USA), uz potporu Ministarstva kulture RH.

2020. ***Sahranjena ljubav: Dnevnik slučajne pjesnikinje***, sa Svenom Adamom Ewinom (Perlina Press, USA).

2018. ***When Hen Was on Her Way to Market: A Folktale-Inspired Story of Manners and Illustrated Nursery Rhyme***, (Perlina Press, USA), engleski prepjev i prozna adaptacija narodne dječje pjesme Pošla koka na Pazar s ilustracijama Ivane Rašin. Knjiga je bila finalist nagrade Independent Publishers of New England za 2018. godinu.

2016. **Threshold** (Italica Press, New York), koautorirani engleski prijevod, s Laurom E. Ruberto, novele Sulla soglia talijanske spisateljice Gianne Manzini.

2014. ***A da se to dogodi tebi: Priručnik za odrastanje*** (Liliput, Zagreb), u suradnji s psihologinjom Latinkom Basara. Knjiga je, na temelju stručnog mišljenja Agencije za odgoj i obrazovanje i Ministarstva znanosti i obrazovanja, dobila preporuku "učenicima, roditeljima i učiteljima/nastavnicima kao priručnik za odrastanje u obradi tema vezanih za problematiku odrastanja djece i mladih". Knjiga se nalazi na Listi dobrih knjiga Hrvatskog knjižničarskog društva za 2014. godinu.